Émile Montégut

Les Conflits des races aux États-Unis

Essai

ISBN : 978-1541381582

10 9 8 7 6 5 4 3 2 1

Émile Montégut

Les Conflits des races aux États-Unis

Essai

Table de Matières

Introduction

Non bis in idem, dit un vieil axiome juridique ; mais il n'est pas de proverbe qui ne se trouve quelquefois menteur, pas d'axiome qui ne souffre quelque exception, et de ce fait M. Hepworth Dixon vient de nous fournir une preuve triomphante par ce nouveau livre de *White Conquest*, où il nous ramène sur les mêmes routes qu'il nous avait fait parcourir il y a huit ans dans son livre de *New America*. En vérité, si la reconnaissance des écrivains et des penseurs se mesurait de même sorte que celle du commun des hommes, M. Dixon en devrait une grande à l'Amérique. Naguère il lui a dû sa réelle notoriété d'observateur philosophique et de voyageur, et c'est encore elle qui vient aujourd'hui mettre le sceau à la réputation qu'elle lui avait acquise. L'Amérique semble plus et mieux que tout autre pays être pour lui une source d'inspiration. Avant le succès de New America, et entre ce succès et celui de *White Conquest*, M. Dixon a tenté bien des voies et s'est adressé à bien des sujets divers, mais jamais ses observations n'ont été plus ingénieuses, ses points de vue plus nouveaux, ses analyses plus fines, ses facultés d'humoriste et de peintre plus souples et plus vivantes que lorsqu'il a dû parler de l'Amérique. C'est qu'en effet ce sujet de la grande république transatlantique, si l'on y regarde d'un peu près, correspond d'une manière très intime à la nature de son esprit. M. Dixon aime les contrastes, et quel champ plus plantureux d'antithèses que ce vaste pays où toutes les races et toutes les sectes se rencontrent mêlées ; il aime les conjectures et les hypothèses, et l'Amérique les autorise toutes, car un état social en voie de formation comme une science imparfaite permet toute supposition, et il n'y a pas de paradoxes lorsqu'il faut juger d'un pays d'un court passé, et dont la vie est surtout dans l'obscur avenir.

I. — En Californie.

« Hepworth Dixon a compté les loupes et les verrues de l'Amérique, » nous disait, il y a huit ans, un de nos collaborateurs et amis, qui a de grandes raisons d'aimer les États-Unis et que le succès de *New America* avait mécontenté. *White Conquest* n'est

Émile Montégut

pas fait pour servir de correctif à ce jugement, car ce ne sont plus seulement d'inoffensives et bizarres excroissances que nous montre cette fois M. Dixon, mais bien des ulcères et des dartres vives. Le titre semble cependant plein de promesses heureuses, *White Conquest*, la conquête de la race blanche ; malheureusement on peut l'entendre dans un double sens dont le dernier n'est rien moins que flatteur pour notre race et rassurant pour les destinées de l'Amérique. Bien que M. Dixon ne professe nulle part les doctrines du célèbre Darwin, on peut dire que son livre est *darwinique* d'esprit et de couleur, car ce qui ressort de l'ensemble de ses tableaux et de ses conclusions n'est rien autre que la fameuse théorie du *struggle for life*, qu'il nous montre en voie de réalisation sur le sol de l'Amérique, Osons condenser brutalement l'opinion que M. Dixon a laissée éparse dans son livre, et qui souvent reste inaperçue, masquée qu'elle est par les couleurs brillantes des peintures et le mouvement dramatique des scènes. L'heure approche rapidement où la race blanche aux États-Unis aura cessé, si elle manque de sagesse, d'être maîtresse de ses destinées, Le temps n'est plus où, libre de ses mouvements, les pieds appuyés sur un peuple noir dont l'esclavage était la garantie de ses droits et la clé de voûte de son pacte républicain, elle ne rencontrait devant elle que de pauvres peuplades sauvages qui s'éloignaient à son approche. Aujourd'hui trois races se dressent à ses côtés sur le sol de l'Union pour lui disputer soit une part du territoire comme la race rouge des Indiens, soit une part du pouvoir politique comme la race émancipée des noirs, soit une part du travail comme la race mongolique. De ces trois races, la première est irréconciliablement ennemie, la seconde, est en hostilité permanente contre ses anciens maîtres, la troisième est déjà une rivale sérieuse pour les travailleurs de l'Union. L'émancipation a livré le sud à la race noire, l'émigration chinoise livre de plus en plus la Californie et les territoires de l'ouest à la race jaune ; quant à la race rouge, quoique bien diminuée en nombre, elle est peut-être plus embarrassante aujourd'hui qu'à l'époque où elle était plus proche voisine de la civilisation, car on a atteinte peu près maintenant les limites du désert, et il devient impossible de la pousser plus loin. Remarquez enfin que ces différences de races ne sont plus des différences toutes morales ; comme celles

I. — En Californie.

qui séparent un Irlandais d'un Anglais, un Celte d'un Germain ; ce sont des différences organiques, physiologiques, des différences de structure, de couleur et de sang, les plus profondes que la nature ait creusées pour séparer les fils de la terre. Aucune fusion n'est donc possible entre elles, et s'il s'en opérait jamais quelqu'une, ce ne serait qu'au détriment de la plus noble et de la plus civilisée. La race blanche, si elle n'y prend garde, peut, dans un avenir qui n'est peut-être pas très éloigné, se trouver cernée et envahie par ces fourmilières noires et jaunes à un tel degré qu'elle se voie obligée, pour sauver son existence, de sacrifier sa liberté.

C'est peut-être en Californie, où M. Dixon nous conduit d'abord, que ce *struggle for life* se présente avec l'énergie la plus homicide. Là, les races, poussées par le besoin de se supplanter les unes les autres, s'effacent successivement, les Indiens devant les Mexicains, les Mexicains et les métis devant les Anglo-Américains, et voici que maintenant les en fan s de la race mongolique, pacifiques envahisseurs, forts par le nombre, sinon par l'audace, serrent et gênent ces vainqueurs des trois autres races. C'est l'extermination sans guerre, sans lutte, presque sans bruit. Une race faible disparaît devant une plus forte, comme un arbuste périt sous l'ombrage d'un grand arbre ; cette race victorieuse périt à son tour sous une plus vigoureuse, et lorsqu'enfin il semble que la victoire reste définitivement à cette dernière, des nuées de sauterelles s'abattent sur ses moissons et dévastent ses enclos.

Hepvrorth Dixon est un artiste au moins autant qu'un observateur philosophe, et l'on s'en aperçoit dès les premiers chapitres de son livre, qui s'ouvre d'une manière charmante par la description de San-Carlos sur la côte de Californie. Une solitude pleine de fraîcheur et de luxuriante végétation, proche voisine de l'océan, et dans cette solitude une église abandonnée, reprise miette à miette par la nature, voilà le tableau. Cependant cette église conserve encore un fidèle : un chef sauvage centenaire, imitateur sans le savoir du vieux *Mortality* de Walter Scott, vient une fois chaque année relever ce qu'il peut des pierres tombées, et renouveler les branches vertes qui marquent sur le parvis les tombes des Indiens convertis. Si quelque étranger désire connaître l'histoire de cette église, c'est à ce sauvage qu'il doit s'adresser. Aujourd'hui âgé de cent vingt ans, il était un jeune homme lorsque les Espagnols

Émile Montégut

débarquèrent sur cette côte. Une bande de franciscains vint de Monterey et planta la croix sur le territoire appartenant à sa tribu. D'abord les Indiens se tinrent à l'écart et restèrent sur la défensive. « Ces étrangers étaient venus d'au-delà les mers comme les oiseaux, personne ne savait d'où. Pourquoi étaient-ils venus, si ce n'était pas pour voler les *squaws*, couper le gazon et prendre les cerfs et les antilopes ? Cependant lorsque les pères élevèrent l'image de la belle femme blanche (la Vierge) et chantèrent leur musique du monde des esprits, ils se glissèrent tout contre la clôture de briques séchées au soleil, afin de contempler cette image et d'écouter ce psaume. Puis peu à peu leurs craintes se calmèrent. En offrant de la nourriture aux affamés, des habits à ceux qui étaient nus, des potions aux malades, les bons pères s'ouvrirent l'accès de ces cœurs sauvages et soupçonneux. Ils dirent aux naturels qu'ils leur apportaient un message d'au-delà les nuages. Le grand-esprit, leur ouvrant un nouveau et plus court chemin pour la terre des âmes, leur avait donné San-Carlos, un des princes qui siègent en sa présence, pour leur guide et leur saint. Qui aurait pu repousser de tels maîtres ? Les pères franciscains étaient doux de discours et graves de mœurs. Pas un mensonge ne sortait de leurs lèvres, pas un vol ne pouvait leur être attribué. Ils ne prenaient aucune femme de force, ils ne chassaient aucun natif de sa hutte. Dans toutes leurs actions, ils paraissaient les amis des Indiens. » Ils le furent en effet. Ils les avaient trouvés nus, logés dans des huttes sans art, se nourrissant de reptiles et de racines sauvages ; ils leur apprirent à se vêtir, à faire cuire leurs aliments, à se construire des demeures, à cultiver les champs, à moudre le grain, à planter la vigne et l'olivier. En reconnaissance de ces bienfaits, les Rumsens, — tel était le nom que portaient les Indiens de cette région, — se convertirent, et après eux leurs voisins, les Tulorenos, avec lesquels ils étaient en guerre depuis un temps immémorial. Dès lors ils entrèrent dans un état de société où l'on peut dire qu'ils ne connurent de la civilisation que ses douceurs, les franciscains la leur dosant à leur force, et leur laissant toutes celles de leurs habitudes qui n'étaient pas offensantes pour la morale et la religion. Il n'y eut qu'une seule coutume qu'ils ne purent vaincre, la coutume de vendre leurs femmes et leurs filles, coutume dont tous les pouvoirs qui leur ont succédé n'ont pas mieux réussi à triompher. « Aujourd'hui les filles des hommes

I. — En Californie.

rouges sont achetées et vendues même dans le voisinage des cours de justice américaines, » et il est plus d'un blanc qui ne se fait aucun scrupule de profiter de cette circonstance, sans être pour cela trop coupable envers la morale, car, ainsi que l'observe ingénieusement M. Dixon, « on attrape une coutume locale absolument comme on attrape une maladie locale. Il s'établit un combat entre votre constitution et la maladie. Si vous pouvez composer avec le mal, vous vivez, sinon vous mourez. »

Cette station de San-Carlos relevait de Santa-Clara, centre des très nombreux établissements formés sur la côte de Californie par les frères de Saint-François. C'est ici le lieu de remarquer que dans *White Conquest* comme dans *New America* l'opinion de M. Dixon est singulièrement favorable au catholicisme comme instrument de civilisation et éducateur des races faibles et sauvages. Selon lui, l'entreprise des franciscains avait réussi, aussi absolument que puisse réussir entreprise de ce genre. Dans cette œuvre, ils avaient trouvé une tâche entièrement adéquate au génie de leur ordre, et de leur côté les Indiens avaient trouvé dans les franciscains les seuls maîtres dont ils pussent accepter l'obéissance sans plier sous le faix et sans en mourir. Fidèles à leur tradition de douceur volontiers enfantine, les frères avaient traité les Indiens comme ils voulaient être traités, c'est-à-dire comme des enfants timides qu'il fallait craindre d'effaroucher et qui avaient plus besoin de tutelle que de liberté. « Il n'y a pas de gouvernement ou de société, dit nettement notre auteur, qui ait su aussi bien que les franciscains gouverner cette race sauvage et pacifique. » Les reproches cependant ne leur ont pas manqué ; ils ont respecté, a-t-on dit, un trop grand nombre de coutumes des tribus, ils ont placé les Indiens dans un esclavage dissimulé, ils n'ont pas éveillé en eux le sentiment de la propriété, ils n'ont pas réussi à abolir l'usage de la vente des femmes et des filles. En supposant que ces reproches soient mérités, les pouvoirs qui ont succédé aux franciscains les ont mérités avec eux. Le gouvernement séculier a remplacé le gouvernement ecclésiastique, le Mexique l'Espagne, les États-Unis le Mexique ; les Indiens ont-ils renoncé à vendre leurs femmes et leurs filles, ont-ils acquis un sentiment plus profond de la propriété, ont-ils appris à faire un droit usage de leur liberté, ont-ils mieux prospéré en un mot que sous la règle franciscaine ? Hélas ! la

Émile Montégut

vente des femmes se fait plus effrontément que jamais sous les yeux mêmes des autorités américaines ; tout objet possédé par un Indien est rapidement échangé contre l'eau de feu ; ces hommes libres, qui n'ont cependant aucune espèce de droits politiques, ont désappris les arts de l'agriculture et l'habitude du travail, et sont revenus à leur ancienne sauvagerie. Aussi la race se fond-elle avec une rapidité étonnante, et cependant, dit M. Dixon, « l'état ne fait rien pour eux, et le vigoureux colon, dans son désir de sécurité, les chasse loin de son chemin aussi brutalement qu'il en éloigne les loups et les ours. » Ce résultat n'a rien qui soit fait pour étonner, et ce qu'il y a de cruel, c'est qu'il est absolument irrémédiable. Parlons sans hypocrisie, et reconnaissons qu'il y a là une tâche pour laquelle nos sociétés modernes n'ont pas d'instruments. Introduire des sauvages dans la civilisation est une œuvre de dévoûment, et cette œuvre, un corps comme les franciscains peut la tenter, parce que le dévoûment est son principe et son but mêmes ; mais qui donc, je le demande, a dans nos sociétés laïques le temps et le devoir de se dévouer à des sauvages, et à supposer qu'il se rencontre çà et là quelque excentrique d'un grand et bon cœur qu'une pareille entreprise tente, à quoi des efforts isolés peuvent-ils aboutir ? Chose curieuse, les Indiens ne s'y sont pas trompés ; ils ont compris qu'ils avaient perdu pour jamais leurs véritables protecteurs, et c'est là le sentiment qui ramène chaque année les derniers de ces convertis auprès de leur église abandonnée de San-Carlos pour y regretter devant l'image de Notre-Dame du Carmel le temps où ils étaient esclaves et heureux.

Ces Indiens, ai-je dit, ont perdu pour jamais leurs véritables protecteurs. Eh ! mon Dieu oui, car le catholicisme lui-même, emporté qu'il est par le mouvement du siècle, n'a plus le temps de s'occuper d'eux. Les jésuites ont remplacé les franciscains à Santa-Clara, mais c'est à une toute autre tâche que les nécessités du temps leur ordonnent de s'appliquer. Cette tâche est une œuvre d'éducation. Ils ont à conserver le plus grand nombre possible de fidèles à l'église catholique dans cette Californie où le catholicisme régnait naguère en souverain, et où il est aujourd'hui en minorité, noyé comme la population d'origine mexicaine sous les flots des populations venues du nord et des émigrants venus principalement des états protestants de l'Europe. Cette tâche de l'éducation, les jésuites ont à l'accomplir en Californie dans les conditions les plus désavantageuses : par exemple, les écoles protestantes peuvent facilement recruter leurs professeurs parmi les citoyens mêmes des États-Unis ou parmi des hommes d'origine anglaise ; les jésuites sont obligés de prendre les leurs dans toutes les régions du monde. Aucun de ces professeurs n'est d'origine mexicaine ou même espagnole, circonstance des plus défavorables pour prendre ou garder influence sur des populations aussi susceptibles à l'égard de toute autorité étrangère que les populations de sang espagnol. Et puis les jésuites sont seuls, tandis que leurs rivaux s'appellent légion. « Les catholiques ont une école à San-José, une seconde à San-Francisco, mais les non-catholiques ont cinquante écoles dans ces grandes villes. Les jésuites élèvent 600 enfants dans ces écoles ; leurs rivaux en élèvent plus de 20,000 dans les leurs. » M. Dixon a visité leur établissement de Santa-Clara, et nous en a donné une description qui prouve qu'il sait voir avec esprit et écouter avec finesse. Il remarque par exemple que les pères de la fameuse compagnie peuvent bien tonner à outrance contre le monde moderne, mais qu'ils n'ont garde pour cela de dédaigner les plus petits progrès scientifiques de ce monde réprouvé. La preuve en est dans leurs laboratoires de physique, où tous les instruments et ustensiles sont du modèle le plus nouveau. La preuve en est dans la bibliothèque de leur collège, qui contient plus de douze mille volumes dont beaucoup sont récents. « Au contraire des trappistes, me dit le père Varsi, nous nous armons de livres au lieu de reliques, nous croyons aux livres. » On conçoit qu'au milieu de tels soucis et avec une lutte aussi pressante à soutenir, l'œuvre ancienne des franciscains ne soit plus reprise, et que les pauvres Indiens soient définitivement abandonnés comme des victimes destinées à succomber dans les mêlées sans merci du *struggle for life* que se livrent les populations diverses éparses sur le sol californien.

La race mexicaine tient-elle beaucoup mieux que la race indienne devant ce terrible *struggle for life* ? Quiconque veut voir cette race dans son état pur doit visiter Monterey, capitale supplantée dont le sort peut lui prédire le sien propre. Là s'est réfugié tout ce qui reste en Californie de vieux sang espagnol non souillé de sang noir ou rouge, quoique déjà fortement teinté parfois de sang hérétique anglais ou américain. Telle ville, tels habitants. Monterey est

Émile Montégut

une ville construite avec toute la négligence et toute la fantaisie espagnoles, sans rues, sans places ayant forme, où les maisons se présentent de front, de flanc, obliquement, avec la plus parfaite insouciance de l'alignement. Les habitants, tous *dons* et *cabaleros*, ont des mœurs à l'avenant de la régularité de leurs rues et de leurs places, et des opinions à l'avenant du souci du progrès qu'indique une telle ville. « A Monterey, un gentilhomme a non-seulement les droite d'un cavalier espagnol, mais ceux d'un chef indien. Il peut être à son aise impérieux de langue et léger de cœur. Personne ne pense à compter le nombre de ses maîtresses et à lui demander si ces dames sont rouges ou blanches... Comme il méprise tout le bavardage des étrangers sur les projets de routes à construire et d'écoles à ouvrir ! Ses pères ne pavèrent jamais une rue et ne bâtirent jamais une école. Ils entretenaient un prêtre qui gouvernait leurs maîtresses et qui faisait aller leurs filles à la messe. Ce bon vieux système lui convient. Qu'a-t-il à faire de routes et d'écoles ? Cavalier, les chemins qu'il préfère sont les sentiers gazonnés ; gentilhomme, qu'a-t-il besoin des talents d'un clerc ? La science lui servira-t-elle à amener des dés heureux, et les belles-lettres allumeront-elles en sa faveur le feu de l'amour dans les yeux des femmes ? »

il est aisé de comprendre qu'une race d'âme si nonchalante et de cœur si galant est faiblement armée pour résister aux envahissements de cette entreprenante race anglo-américaine, qui, parmi ses divers moyens d'action pour prendre possession du sol de Californie, compte les trois méthodes principales que voici et dont, au dire de M. Dixon, elle use sans scrupule. La plus droite et la plus honnête est d'épouser un héritage. « Les femmes brunes aiment les hommes blonds, et si une fille de demi-sang est retirée jeune de sa famille, on peut l'élever dans les bonnes manières anglaises et lui apprendre à être une femme décente. S'il y a des frères dans la maison, les champs et les pâturages seront divisés, mais les garçons iront au diable dans un temps donné ; ils iront plus vite *si on les y aide un peu*, et alors les lots feront nécessairement retour à la famille. Un Anglais qui fait chasse à un héritage est rarement frustré par une race inférieure. » La seconde méthode est d'exercer l'usure pour la plus grande commodité des vices des natifs ; c'est la plus facile et la plus infaillible. Un natif californien a toujours « la poche vide et des besoins à l'infini. Il a besoin d'acheter un

I. — En Californie.

cheval, de donner un bal, de corrompre un shérif, de jouer aux dés. » Lorsque les emprunts ont été assez nombreux, l'Anglo-Américain ferme crédit et réclame un remboursement qui ne peut jamais s'effectuer ; alors il consent à se payer avec un moulin ou un pâturage, et il a pris pied sur le sol californien. La troisième méthode est la plus originale et celle qui réclame le plus d'énergie ; c'est la prise de possession à main armée par le droit du plus fort. Quatre ou cinq *squatters* bien musclés, habiles à jouer du *bowie knife* et à tirer de la carabine, forment une association. Ils poussent leurs troupeaux en avant et les arrêtent au premier endroit qui leur convient, sans souci du propriétaire, qu'ils laissent libre d'appuyer ses droits par la force ou par la loi. Le recours à la force entraînant nécessairement l'effusion du sang, le propriétaire, qui n'est pas sûr que le sien ne soit pas répandu, préfère d'ordinaire le recours à la loi ; mais, voyez un peu la mauvaise chance, il lui faut prouver son droit, « et il est rare qu'un titre de propriété mexicain résiste à l'examen d'un juge américain. » Dans nos vieux pays d'Europe, on considérerait une telle méthode d'acquérir comme d'une moralité douteuse, mais dans un pays aussi jeune on n'y regarde pas de si près. Les Californiens de sang espagnol peuvent être imprévoyants, prodigues et nonchalants, mais, à supposer qu'ils fussent le contraire de ce qu'ils sont, nous ne voyons pas trop en quoi l'économie, la prévoyance et l'activité pourraient les protéger contre des méthodes aussi énergiques d'acquérir. Au lieu d'accuser leurs vices, disons donc qu'ils sont les plus faibles et qu'ils doivent céder, *struggle for life*.

L'instructive histoire de don Mariano de Vallejo, que M. Dixon nous raconte avec détail, résume parfaitement la situation que les circonstances présentes font à tout Mexicain de fortune et de rang en Californie. Il y a trente ans, don Mariano de Vallejo était le plus riche et le plus puissant propriétaire de Californie. Dans sa jeunesse, il aida ses compatriotes à secouer le joug de l'Espagne, puis il inclina du côté de l'influence anglaise, et lorsque la guerre eut livré son pays aux États-Unis, il n'hésita pas à confondre sa fortune avec celle du gouvernement victorieux. Désireux de voir la future capitale s'élever sur ses propriétés, il proposa aux États-Unis d'en livrer l'emplacement et de construire à ses frais une partie des édifices ; le sénat accepta, et don Mariano fonda une ville sur la baie de San-Pablo qu'il appela Vallejo. Lorsqu'il eut dépensé 300,000 dollars à cette entreprise, le sénat changea d'avis, et don Mariano se trouva à moitié ruiné. Il a depuis essayé de remonter le courant, mais sans succès. Ses propriétés ont continué à s'écouler de ses mains par les canaux les plus divers. Sa fille et sa sœur ont pris des maris anglais. « Une bonne partie de ses terres sont plantées et clôturées au bénéfice d'enfants porteurs des noms anglais de Frisby et de Leese, qui dans les années à venir souriront, au sein de leur solide prospérité, de la creuse ostentation et de la prétentieuse pauvreté de leurs ancêtres mexicains. » Les procès achèvent de lui dévorer le reste de ses biens. « Tout Mexicain aime à plaider, et don Mariano ne va jamais en cour de justice sans perdre quelque morceau de propriété. » Si l'on peut trouver quelque consolation à se dire que le malheur dont on pâtit est celui de beaucoup d'autres, don Mariano est riche en ce genre de compensation. « Aucun Mexicain de note, dit-il à M. Dixon, durant une de leurs promenades, n'a pu conserver ses terres. Mon cas est dur, mais il n'est pas aussi dur que celui des autres ; dans vingt ans d'ici pas un gentilhomme espagnol ne sera citoyen des États-Unis. — Vous voulez dire que les Espagnols quitteront le pays ? — Ils se retireront au Mexique, où ils pourront espérer de conserver ce qui leur appartient. » Espérance bien incertaine encore, don Mariano, car le Mexique est bien voisin des États-Unis, et comme il est probable que d'ici à vingt ans la grande république, croissant toujours en population, et par là en énergie, aura eu besoin pour ses nécessités d'expansion de quelque nouvelle tranche de la conquête de Fernand Cortez, il serait plus sage de se proposer dès maintenant un lieu de retraite plus éloigné, comme le Chili ou le Pérou, par exemple. De cette façon, les Espagnols pourraient espérer d'être à l'abri, quelque larges que soient les enjambées des *Yankees* et quelque longs que soient leurs bras. A cet envahissement lent, mais continu, des hommes de race anglo-américaine, il n'y a de résistance, parmi toutes ces premières populations californiennes, que du côté des métis. La résistance, il est vrai, est d'un genre peu recommandable ; mais il faut songer qu'elle émane d'une race dont l'origine est aussi irrégulière que ses mœurs. Ces métis de Californie sont, pour ainsi dire, une population d'enfants de troupe et de bâtards de caserne. Lorsque le gouvernement espagnol prit possession de la

I. — En Californie.

Californie, par une décision pleine de singularité et de grandeur, il admit que le sol californien devrait continuer à être la propriété des indigènes dans le cas où ils se convertiraient, et interdit tout droit d'acquérir aux hommes de race blanche ; les moines seuls eurent pouvoir de prendre possession de la terre. En conséquence, l'Espagne n'envoya en Californie que des soldats et des franciscains, les uns célibataires par vœux, les autres célibataires contraints. L'occupation étant ainsi exclusivement religieuse et militaire, pas une femme de race blanche ne la suivit. Les soldats espagnols, une fois établis, trouvèrent près d'eux des tribus indiennes qui étaient dans l'habitude de vendre leurs femmes et leurs filles, et comme leurs obligations de célibataires étaient de nature moins stricte que les vœux des franciscains, faute des grives espagnoles, qui leur étaient interdites, ils firent pâture amoureuse de ces merles indigènes. Une race hybride en résulta, qui, à un moment donné, devint fort embarrassante. Leur temps de service terminé, les soldats espagnols, qui étaient devenus pères, ne pouvaient amener avec eux leurs familles irrégulières, ni en Espagne, ni même au Mexique, et d'un autre côté l'église ne pouvait admettre que des enfants, bâtards ou non, fussent abandonnés par leurs parents à toutes les souffrances et à toutes les hontes d'une vie de parias. Pour sortir d'embarras, le vice-roi créa trois camps de refuge qu'il appela, villes libres, les soumit à la loi martiale, et y établit les vétérans avec leurs progénitures, avec défense, sous les peines les plus sévères, de sortir des barrières. « Quelques étrangers en petit nombre et de mauvaise espèce se joignirent aux colons dans ces villes libres : empiriques, joueurs filous, trafiquants de filles, vendeurs de whiskey, toute l'abominable racaille d'un camp espagnol. De ces viles sources dérivent presque tous les hybrides actuels du pays. » Ces races mixtes, on l'a remarqué depuis longtemps, sont les plus violentes et les plus dangereuses de toutes, non-seulement parce qu'elles souffrent d'être partagées entre deux races sans appartenir à aucune et qu'elles s'irritent contre le préjugé qui s'attache à leur naissance, mais parce que la nature, comme pour se venger de la violation commise contre elle par des individus qu'elle avait parqués dans des familles distinctes et dont elle n'avait pas voulu l'union, ne leur permet d'hériter que des vices respectifs de leurs parents et leur en refuse les vertus. Il en est ainsi de ces métis

Émile Montégut

californiens. Ils s'arrogent tous les droits de l'homme blanc et appuient leurs prétentions avec toute la violence du sang indien. La terre, disent-ils, est à eux, ils sont les vrais natifs du pays, et non pas des étrangers comme leurs pères et des sauvages comme leurs mères. Que viennent faire dans leurs campagnes ces envahisseurs qui récoltent sur des terres qu'eux, métis, n'avaient pas défrichées, et qui s'emparent de cours d'eau qu'ils n'avaient pas utilisés ? Métis et Américains se rencontrent aux mêmes tavernes, aux mêmes lieux de plaisir ; les occasions de rixes ne manquent pas, et un coup de couteau est bien vite donné. Le meurtrier, poursuivi, se jette dans la montagne et se fait brigand. Dans presque tous les pays où il a prospéré, le brigandage a été à l'origine la protestation irrégulière et désespérée d'une nationalité ou d'une indépendance perdues ; ce qui se passa en Angleterre pendant les premiers siècles de la conquête normande, ce qui se passa en Italie au XVIe siècle, sous la protection des Colonna ou sous la conduite d'un Alphonse Piccolomini, se renouvelle aujourd'hui en Californie sous une forme plus démocratique. Les chefs sont porteurs de noms moins illustres ; mais, à cela près, les types de bandits californiens esquissés par M. Dixon ne le cèdent en rien à leurs frères des âges passés ou des pays de plus noble civilisation. Il y a là surtout un certain capitaine Vasquez dont la vie, brutalement romanesque, aurait été appréciée par Mérimée, qui aurait pu y trouver sans peine tous les éléments d'un récit à la façon de *Carmen*. Regrettant de ne pouvoir nous arrêter à cet épisode, nous nous bornerons à le recommander à ceux de nos romanciers qui seraient tentés, pour varier les plaisirs du public, de réagir contre les sujets de roman aujourd'hui en vogue, en faisant retour aux sujets qui étaient à la mode il y a trente ans.

Ce que M. Dixon nous raconte de la, vie anglo-américaine en Californie ne prouve pas précisément que le *struggle for life* s'arrête à ces vainqueurs des trois précédentes races. Quiconque veut connaître la vie américaine à son point culminant d'activité fébrile, et, si l'on peut ainsi parler, de laborieuse frénésie, doit aller à San-Francisco. Là, l'excès est but et l'exagération moyen. M. Dixon attribue en très grande partie à l'influence d'un climat trop chaud et d'un ciel trop lumineux ce bouillonnement de vie à outrance ; nous croirions plus volontiers qu'il en faut chercher la raison dans les commencements de cet état. Il en est des peuples comme des individus, ils sont longtemps ce qu'ils ont été une fois, à supposer même qu'ils ne le soient pas toujours. Née dans un paroxysme de fièvre, la Californie a grandi avec la fièvre ; la fièvre est dans son sang et fait partie de sa constitution. Amené, ou plutôt traîné dans cette région par l'ardeur d'une convoitise chauffée à blanc, l'Américain de l'Union sentit que, pour réaliser les rêves de lucre que la découverte des mines avait éveillés en lui, il devait doubler et tripler ses qualités et ses défauts qui, aux yeux d'un Européen, sont déjà excessifs. Pour cela il fallut un effort ; c'est cet effort répété et soutenu pendant de longues années qui a produit cette exagération d'activité et cette emphase de mœurs qui ont frappé M. Dixon. « Le pouls de cette société, dit-il, bat trop fort pour des hommes ordinaires et des temps ordinaires. » C'est que ce qui est l'exceptionnel pour les autres peuples a été l'ordinaire pour celui-là. Depuis vingt ans son existence n'a été qu'une crise longue et continue. La roue de la fortune est en tous lieux bien rapide, mais en Californie son mouvement a été d'une vitesse vertigineuse. Ces gens de la baie de San-Francisco ont connu tant de vicissitudes, ils ont été si souvent ruinés, si souvent enrichis, que leurs manières ont du nécessairement se ressentir des émotions produites par ces alternatives. Ce n'est jamais froidement qu'on accepte d'être élevé soudainement à la richesse ou précipité soudainement dans la ruine ; quelque insolence de joie dans le premier cas, quelque emphase de désespoir dans le second, sont bien permis à ceux que visite l'une ou l'autre fortune. De pareilles émotions entraînent nécessairement un ton plus haut que le ton ordinaire, et si elles se répètent trop fréquemment, ce ton passera en habitude. Voilà peut-être pourquoi M. Dixon a pu remarquer « qu'en Californie un acteur déclame, un prédicateur rugit, un chanteur crie. »

Toutes les qualités et tous les défauts de l'Américain sont donc portés au comble par la vie californienne, qui n'est qu'un jeu effréné où chacun risque son tout chaque jour. L'activité américaine est connue ; voici le dimanche d'un grand financier de San-Francisco : « A quatre heures du matin, il est sur pied, consultant ses *grooms*, trottant dans ses bois, visitant ses fermes et ses ouvrages d'eaux. A dix heures, nous le voyons une minute au moment où nous rompons le jeûne ; à une heure, il nous place dans une carriole et nous donne congé ; à trois heures, nous le rencontrons sur une colline au-dessus de San-Mateo, où il fait endiguer une crique et bâtir une ville ; à cinq heures, son dimanche terminé, il grimpe dans le train et se rend en toute hâte à son office à San-Francisco, après avoir fait en vingt-quatre heures l'ouvrage d'une semaine. » Quelque prodigieuse que soit cette activité, ce n'est cependant pas d'ordinaire au profit du travail régulier que le Californien aime à la dépenser ; c'est pour courir après le hasard qu'il se presse, c'est pour épier, découvrir ou saisir l'occasion qu'il s'agite. De cette poursuite de l'inconnu naît une sorte de vie imaginative pleine d'inquiétude et de crédulité. Le blanc Californien va jouer sa fortune sur un bruit de rue semé par n'importe qui, dans n'importe quel dessein, sans presque s'occuper de savoir si le bruit est vrai ou faux. « Il sent passer en lui, comme l'alcool dans ses veines, ces sensations diaboliques qui accompagnent le gain subit et la perte soudaine. Il n'y a pas ici de classe moyenne ancienne et bien assise, d'habitudes décentes, née de bonne souche et élevée au foyer, gens qui paient leurs dettes, vont gravement à l'église et gardent les dix commandements par souci de l'ordre, sinon d'une règle plus haute... Un homme pauvre veut attraper de l'argent, et l'attraper dans le plus court délai possible. Les cartes, les dés, les listes d'actions servent à tour de rôle à son but. »

Parmi les folies engendrées par cette rapacité imaginative, il en est une fort plaisante qu'un des rares sages de Californie fit remarquer à M. Dixon. « Notre chemin de fer, lui dit-il, nous donna de véritables accès de folie. Vous souriez ? Le fait est ainsi. Les premiers wagons ne furent pas plus tôt vus dans Oakland qu'une rage de spéculation se répandit tout le long de la baie. Le monde entier, pensions-nous, allait aborder à nos côtes. Où se logeraient tant de gens ? Pourquoi ne pas leur préparer des logements et tirer profit de l'entreprise ? Nous achetâmes des terres, nous abattîmes des forêts et nous bâtîmes des villes pour les millions d'hommes qui allaient nous arriver. A toute ouverture de la baie, vous voyez, ces villes imaginaires avec leurs fantômes de rues et de places, de chapelles et de théâtres, d'écoles et de prisons. Mais les millions d'hommes ne vinrent jamais, et pendant les dernières cinq années tout habitant de San-Francisco a porté une ville morte sur son dos. »

I. — En Californie.

Dans une telle société, tout individu est pour son voisin une proie possible ; on peut lui prendre son argent au jeu ou le forcer à le tirer de sa poche par un coup de bourse. Si l'homme n'est pas ici un loup pour l'homme, comme Hobbes prétendait qu'il l'était, il est au moins un renard. Jugez-en plutôt. Les actions d'une des compagnies minières, la *Consolidated Virginia*, baissent tout à coup, et les citoyens de San-Francisco portent leur capital disponible dans les banques d'épargne. « Cinq ou six de nos dignes citoyens, porteurs d'actions de la *Consolidated Virginia*, se rencontrent une après-midi dans une taverne de Montgommery-street. Les journaux contenaient des rapports montrant que le montant de l'argent déposé dans les banques d'épargne ne s'élevait pas à une somme moindre de 50,000 dollars. Tout en avalant son whiskey, un de nos dignes citoyens dit aux autres : « Nous devrions trouver moyen de faire sortir cet argent-là, savez-vous ? Tous en tombèrent d'accord avec lui ; ils ont formé une association, et ils sont maintenant engagés dans des opérations pour faire sortir cet argent des banques d'épargne. » Si nous ne nous trompons, c'est ce que dans le vocabulaire de la guerre on appelle une embuscade, *struggle for life*. Tant de fièvre et d'inquiétude ne peut aller sans beaucoup d'irritabilité. Celles des citoyens des États-Unis en général et des états de l'ouest en particulier sont fort célèbres ; mais celle des citoyens de Californie est aux précédentes ce que le superlatif est au simple comparatif. Là un méchant bon mot peut vous coûter la vie, ce qui élève la carrière de journaliste à la hauteur d'une carrière héroïque. Un nouvelliste satirique imprime qu'un certain citoyen dîne à *What Cheer house* et se cure les dents au *Grand-Bétel*, ce qui aurait probablement, il y a une trentaine d'années, équivalu à dire chez nous qu'un tel individu dînait chez Flicoteaux et se curait les dents sur le perron du café de Paris, cherchant ainsi à couvrir sa pauvreté d'une ostentation de dandysme ; le lendemain, le satiriste était étendu mort sur la voie publique. M. Dixon aperçoit un jour sur une terrasse un individu qu'il connaissait de réputation. « N'est-ce pas monsieur un tel ? — Oui. — Eh bien ! présentez-moi. — Hum ! dit mon ami, un natif d'Oxford, c'est un peu téméraire ; nous ne nous sommes pas vus dans, ces derniers temps, mais la dernière fois que nous nous sommes rencontrés il m'a tiré au visage. — Il vous a tiré au visage !

Émile Montégut

— Oui, nous échangeâmes des coups de feu. Il n'y eut pas de mal. Aussi longtemps que nous pourrons nous éviter, les choses iront bien ; mais, si nous nous parlons, le sang peut être répandu. » Les femmes rivalisent avec les hommes d'irritabilité et d'adresse de tir. Il n'y a pas de sexe faible en Californie. « Une tireuse au pistolet de la force de Laura Fair vaut une vente de mille exemplaires à un journal du soir. Ayant une intrigue secrète avec un homme marié et ayant fait l'expérience que le cours du faux amour n'est pas plus doux que celui de l'amour vrai, Laura charge son pistolet et tue son amant, froidement et en plein jour, en présence de sa femme et de ses enfants. Laura est une héroïne. Jugée pour meurtre et acquittée sur l'excuse de folie produite par l'émotion, elle vit dans le grand style, donne des bals et spécule sur les fonds publics. Peu de dames sont aussi souvent nommées aux dîners élégants, et les journaux notent ses faits et gestes comme les mouvements d'une duchesse pourraient être notés dans Mayfair.[1] » Si l'égalité entre les sexes est encore une chimère dans nos vieilles civilisations retardataires, elle est une très solide réalité en Californie, où les femmes ont conquis des droits dont nos utopistes ne se sont pas encore avisés, par exemple celui de pouvoir commettre un crime sans qu'il en résulte pour elles le plus léger inconvénient. La balance n'étant pas et ne devant pas être de longtemps égale entre la population masculine et la population féminine, les femmes ont un tel prix en Californie qu'on n'a pas pu encore s'y décider à en condamner aucune en justice. Tant de magnanimité serait faite pour toucher le sensible cœur féminin ; cependant, s'il faut en croire M. Dixon, les femmes sont loin de rendre aux hommes ces sentiment chevaleresques. « Une jeune dame californienne, récemment divorcée, se plaint à son amie, une *veuve de vingt-cinq ans*, que son ex-mari dit sur elle des choses singulièrement cruelles. — Et pas un mot de cela n'est vrai ? — Comment pouvez-vous le demander ? — Seulement pour la forme. Maintenant, ma chère enfant, j'ai eu trois maris qui n'étaient ni meilleurs, ni pires que d'autres hommes, mais ils sont tous défunts. Ma chère, il n'y a que les maris morts qui ne racontent pas d'histoires. »

---

1 C'est exactement l'aventure qui a été transformée en récit romanesque par Mark Twain dans son *Age doré*, à cela près que le nom de Laura Fair a été changé en celui de Laura Hawkins. Voyez l'étude de M. Bentzon dans la *Revue* du 15 mars 1875.

I. — En Californie.

Ce qui est plus sérieux peut-être encore que ces conflits entre les anciens et les nouveaux dominateurs du sol californien, c'est la silencieuse invasion de la race mongolique, qui, depuis près de vingt ans, est allée toujours en augmentant. Il y a huit ans, dans *New America*, M. Dixon signala la présence de ces essaims d'Asiatiques en Californie, et fit remarquer le premier avec beaucoup de sagacité les conséquences désastreuses que ce fait pouvait avoir pour l'avenir de la race blanche en Amérique ; depuis cette époque, le mal s'est accru dans des proportions énormes, et il revient dans son nouveau livre sur ce sujet avec plus d'insistance. Il y a dix ans, il n'y avait de travailleurs chinois qu'en Californie, et leur nombre était encore assez faible ; aujourd'hui ils sont plusieurs centaines de mille, et on les rencontre dans toutes les régions de l'ouest et même du sud des États-Unis. Ce n'est encore là qu'un tiers de l'immense courant d'émigration qui ne cesse de couler des ports de la Chine ; la Polynésie et surtout l'Australie héritent des deux autres tiers. « De préférence cependant ces Mongols se rendent en Californie ; d'abord parce que le voyage est facile et à bon marché, ensuite parce que le climat leur convient, enfin parce que le salaire est plus élevé et le marché plus vaste que partout ailleurs. De Californie ils se rendent dans l'Orégon par mer, à Nevada, Idaho et Montana par terre. Ils ont trouvé dans l'Utah peu de marchés, les Mormons étant aussi sobres et aussi laborieux qu'ils le sont eux-mêmes. Cependant même dans Salt-Lake-City, ils ont trouvé un logement. Ils arrivent par foules, et chaque année les foules s'accroissent en volume. D'abord ils sont entrés par deux et par trois, puis par dizaines et par vingtaines, peu après ils entrèrent par centaines et par milliers. Maintenant ils arrivent par dizaines de milliers. » Il est évident que par leur nombre seul ces multitudes seraient déjà capables de modifier profondément les conditions du travail en Amérique, et cependant ce n'est là que le moindre danger. A leur nombre, ces enfants de la race jaune unissent des qualités multiples qui en font pour les travailleurs de la race blanche, et aussi de la race noire, les concurrents les plus redoutables.

Le nègre ne peut vivre et travailler que dans ses régions favorisées du sud, le Chinois peut vivre et prospérer sous tous les climats, et dans les plus affreux déserts comme dans les contrées les plus heureuses. L'homme de race blanche ne peut faire qu'un seul

Émile Montégut

métier et dégénère lorsqu'il passe de la profession dans laquelle il a été élevé à un travail inférieur ; l'homme de race jaune peut faire tous les métiers sans craindre de déroger. Il se charge du travail le plus accablant comme du travail le plus féminin ; il est mineur, agriculteur, portefaix, blanchisseur, cuisinier, repasseuse et bonne d'enfants à volonté. Le travailleur américain est un terrible consommateur : il lui faut du bœuf et de la bière, du porc et du whiskey, son salaire doit donc être fort élevé. Le travailleur chinois vit de quelques cuillerées de riz et d'un peu de thé, son salaire peut donc être infime. Ajoutez que le Chinois, habitué à l'oppression asiatique et doué de cette patience morne qui caractérise les peuples des vieilles civilisations, est un serviteur plus agréable que l'Irlandais, l'Allemand ou l'Américain. Il ne s'enivre pas comme l'Irlandais ou l'Allemand, il n'a pas de prétentions d'homme libre comme l'Américain, l'esprit d'égalité ne lui souffle aucune insolence, il n'a pas d'exigences contrariantes ; on peut le réprimander, l'invectiver et même le battre sans que son impassibilité se démente un instant. Voilà bien des mérites ; le plus important cependant reste à mentionner, ce singulier talent d'imitation qui lui permet en peu de temps d'exceller dans les arts les plus délicats et les plus difficiles. M. Dixon cite de cette aptitude nombre de curieux exemples. Ho-ling, blanchisseur et repasseur chinois à San-José en Californie, ayant économisé quelque argent, éprouve le besoin de faire agrandir son établissement. Il appelle un charpentier américain et lui demande à quel prix lui reviendra la construction de dix hangars en bois. — A cent dollars, répond l'Américain. — Cent dollars, beaucoup d'argent, dix dollars pièce ; enfin faites, faites. — L'Américain se met à l'ouvrage, et aussitôt arrivent, débarqués par le chemin de fer, sept Chinois mandés pour la circonstance par Ho-ling, qui viennent assister en spectateurs au travail du charpentier. Ils le regardent planter ses poteaux, introduire ses tenons dans ses mortaises, poser ses traverses, clouer ses planches, puis, dès que le premier hangar est terminé, Ho-ling le congédie en lui payant les dix dollars. — Moi pas avoir besoin d'autre maison, moi faire tout seul, moi faire tout seul. — Yin-yung est le meilleur bottier de San-Francisco, et cependant avant d'arriver en Californie il ne savait ce que c'était qu'une botte. Peu après son débarquement, manquant d'ouvrage et cherchant pâture,

I. — En Californie.

il apprend qu'un bottier juif, Aaron Isaac, a besoin d'ouvriers, et il va résolument lui proposer ses services. Le juif le loue à bas prix. Yin-yung a bientôt pénétré tous les mystères de l'art du bottier, il ouvre boutique à son tour et souffle toutes les pratiques de son maître. Les Chinois attaquent donc doublement les intérêts des travailleurs blancs, ils les attaquent et par leur habileté et par les bas salaires dont ils se contentent. Aussi font-ils baisser considérablement les prix de main-d'œuvre, même dans les régions où ils ne se trouvent pas et dans les industries qu'ils n'exercent pas encore. Il n'y a pas de Chinois dans l'Illinois, cependant une maison d'horlogerie de Chicago, la maison Cornell et Cie, alléchée par les bas prix du travail mongol, a résolu de se transporter à San-Francisco et de remplacer ses ouvriers américains par des Chinois qu'elle formera dans ses ateliers. Déjà des industries entières, la fabrication des cigares, la cordonnerie, les manufactures d'étoffes de laine, les conserves de fruits, sont presque exclusivement la propriété du travail mongolique.

Si le mal s'étendait au territoire entier des États-Unis, il serait encore bien léger : ce qui fait sa gravité, c'est qu'il sévit exclusivement sur une partie de ce territoire ; 300 ou 400,000 Mongols sont peu de chose sur une population de 40 millions d'habitants, mais suffisent parfaitement pour altérer la constitution politique, les conditions du travail et les mœurs générales d'une société de deux ou trois millions d'âmes. Aussi la question mongolique a-t-elle eu cela de très particulier, que jusqu'à ce jour elle a passé presque inaperçue aux États-Unis, tandis qu'en Californie elle a causé une émotion bien naturelle, qui s'est traduite par des lois dont le but est de limiter et de contrôler l'entrée des Asiatiques sur le sol californien, d'exclure les Chinois des droits politiques, et de s'assurer autant que possible de la nature des cargaisons humaines que les vaisseaux venant, de Hong-kong débarquent sur les côtes américaines. Un bruit courant et accepté à San-Francisco, c'est que cette émigration se compose presque exclusivement des égouts de la Chine que les mandarins dégorgent et vident ainsi en Amérique, en sorte que son nom véritable serait plutôt déportation ou transportation. Ce qui est tout à fait certain, c'est que cette émigration est loin d'être libre et volontaire et qu'elle conserve le caractère qu'elle a eu à son origine. On s'en rappelle peut-être les commencements. M. Dixon

Émile Montégut

se trompe, croyons-nous, lorsqu'il attribue cette émigration à la brèche ouverte dans la grande muraille par le canon anglais ; elle a eu malheureusement une origine plus morale que l'ancienne guerre de l'opium, ou même que la guerre anglo-française, car c'est au succès des ennemis de l'esclavage pour abolir la traite des noirs qu'il faut la rapporter. Lorsqu'il y a un peu plus de vingt ans il devint à peu près impossible de se recruter d'esclaves sur la côte d'Afrique, les planteurs de Cuba et du Brésil pensèrent à remplacer les noirs par des travailleurs asiatiques loués par contrat, d'une manière étroite et pour de longs termes qui en faisaient de semi-esclaves, et c'est ainsi que les Chinois réapprirent le chemin de ces régions qu'ils avaient contribué à peupler dans des temps lointains dont l'histoire a peine à retrouver la mémoire. Comme les *coolies* d'autrefois, bon nombre de ces nouveaux émigrants sont la propriété de trafiquants qui louent leurs services ; les femmes notoirement sans exception sont de véritables esclaves achetées en Chine et transportées en Amérique pour y être soit vendues, sont exploitées d'une manière infâme. Quant aux émigrants qui n'appartiennent pas à ces fangeuses catégories, ils sont libres pour la plupart, à peu près comme l'étaient sous l'ancien régime les jeunes paysans qui avaient contracté engagement avec les sergents recruteurs.

Désireux de savoir à quoi s'en tenir, M. Dixon a interrogé un des riches résidents chinois de San-Francisco, membre du comité d'émigration en Californie, et de l'enquête poursuivie pour lui, il paraît résulter que cette émigration, loin d'avoir aucun caractère de spontanéité, est très probablement l'œuvre, entreprise avec sagacité et poursuivie avec suite, des autorités chinoises, qui ont eu recours à ce moyen pour se débarrasser de l'énorme excédant de leur grouillante population que rien ne peut parvenir à diminuer, ni la guerre civile, ni la famine, ni la pratique de l'infanticide. Un véritable esprit de gouvernement se laisse apercevoir dans la manière dont s'opère cette émigration. Des agents parcourent les provinces, portent aux multitudes misérables et affamées la bonne nouvelle d'un pays où les montagnes sont d'argent, où les rivières roulent de l'or, où il y a des terres pour quiconque veut les travailler, et leur persuadent aisément que ce qu'ils ont de mieux à faire, est d'en aller juger par elles-mêmes ; le voyage ne

I. — En Californie.

leur coûtera rien, elles ne payeront qu'après avoir vu. Les pauvres diables acceptent avec empressement, et trouvent tous les moyens désirables de transport. Pour cinq dollars, somme modeste, ils sont conduits de n'importe quel point du pays à l'un des ports de l'empire, où ils sont recueillis par l'une ou l'autre des cinq grandes compagnies formées en Chine expressément pour le transport des émigrants. Le prix du voyage de Chine en Californie est de quarante dollars environ. Si l'émigrant ne peut payer, ce qui est le cas le plus ordinaire, la compagnie accepte son engagement écrit ou celui d'un des membres de sa famille. Une fois arrivé en Californie, il est reçu par un comité chinois résidant d'une manière permanente à San-Francisco, qui pourvoit à ses premiers besoins et loue son travail jusqu'à concurrence du paiement de sa dette. Cependant, même une fois sa dette acquittée, l'émigrant chinois n'est pas absolument libre. L'œil du comité continue à suivre tous ses mouvements, la main du comité peut au besoin s'étendre sur lui et le ressaisir. S'il commet un crime, il ne pourra pas invoquer la loi américaine, et échapper au châtiment en donnant caution ; s'il entre dans une association secrète, fait interdit par la loi chinoise, il est responsable de sa conduite devant le comité, qui donne de sa surveillance deux raisons excellentes : la première, c'est qu'il sert de répondant à l'émigrant ; la seconde, c'est qu'il a contracté envers l'émigrant l'obligation de faire rapporter ses os en Chine en cas de mort. Cette obligation est en même temps pour le comité, grâce aux mœurs chinoises, un moyen d'intimidation tout-puissant. On sait combien est fort en Chine le culte des ancêtres et quelle importance l'enfant du céleste empire attache à sa sépulture : il peut bien consentir à vivre hors de sa patrie, mais il ne peut supporter l'idée de reposer ailleurs que sur la terre des ancêtres. « L'homme qui ne reculerait pas devant un meurtre se garderait d'irriter un tribunal qui peut apporter des retards au retour de ses os à Hong-kong. » Toute cette affaire, il faut l'avouer, est organisée avec une finesse pratique qui fait un très réel honneur au génie administratif des Chinois, et l'on voit qu'elle est montée de manière à permettre à la population mongolique un écoulement régulier de plus en plus considérable. C'est ce que Lee-wong, le résident chinois, consulté par M. Dixon, lui déclara naïvement : « nous continuons à émigrer de plus en plus ; chaque saison, le nombre s'accroît.

Émile Montégut

L'an dernier 5,000, cette année, 13,000, l'an prochain 25,000 peut-être. En *Amélique*, abondance de terres, peu de peuple ; en Chine, abondance de peuple, peu de terres ; aussi les Chinois aiment-ils à vivre en *Amélique* et à revenir en Chine quand ils meurent. »

II. — Les indiens.

De Californie, M. Dixon nous promène longuement dans celles des régions de l'ouest où les restes des peuplades indiennes, décimées et abruties par le voisinage des blancs, trouvent leurs derniers refuges et les tribus encore vierges de toute civilisation leurs derniers terrains de chasse. Là le conflit qui sévit entre la race blanche et la race rouge est autrement vif et cruel que ceux dont nous venons de parler ; en revanche, il est beaucoup plus inoffensif. Indiens infectés de civilisation ou Indiens tout à fait sauvages forment un chiffre d'environ 300,000 âmes ; c'est à peu près le chiffre d'émigrants de race jaune que la Chine a fourni jusqu'à présent à l'Amérique ; mais ces belliqueux Peaux-Rouges, leur nombre fût-il doublé, seraient encore moins redoutables que les pacifiques Mongols, leur chiffre fût-il diminué de moitié. Ils n'affectent pas, eux, les conditions économiques de la société américaine, et s'ils assombrissent son avenir, c'est seulement par le remords anticipé de leur inévitable destruction. Dans ce conflit, tout le danger est pour eux. Que peuvent-ils pour se défendre contre la marche en avant d'une civilisation hâtive et sans scrupules ? Scalper quelque *settler*, enlever quelques bestiaux, assassiner quelques voyageurs, crimes qui font frémir parfois par leur férocité, mais qui n'atteignent que quelques individus que la société générale n'a pas le temps de pleurer longuement et qu'elle n'a pas même toujours le temps de venger. Et cependant toute la défaite ne sera pas de leur côté ; avant de disparaître, ils se seront vengés de cette société en influant pour leur part sur les conditions de sa vie morale. Dans son livre de *New America*, M. Dixon, avec son ingéniosité féconde en points de vue amusants, s'était plu à attribuer aux Indiens une importance capitale dans les destinées de l'Amérique. A l'entendre, c'était à eux qu'il fallait rapporter les origines non-seulement du mormonisme et du spiritisme, mais encore du système de l'annexion et de celui de la république fédérative. Ce qui est tout à fait vrai, c'est que ces

Indiens, toujours refoulés, inoculent à leurs vainqueurs le venin de leurs vices d'âme, les rendent cruels comme eux, perfides et rusés comme eux, leur apprennent à manquer à la foi jurée et aux conventions acceptées. Citons quelques-unes des leçons de cet immoral enseignement ; en voici une qui est à faire frissonner le cœur le moins susceptible. Une bande de Shoshones avait assassiné une famille entière avec des circonstances d'épouvantable férocité. Un parti de blancs, saisis d'indignation, se mit à la poursuite de la bande ; mais la chasse resta longtemps vaine, la trace des fuyards ne pouvant être retrouvée. Un Indien de la tribu des Pai-Utes offrit alors de servir de guide : il n'eut pas de peine à conduire les blancs jusqu'au campement des Shoshones ; mais quand ils y arrivèrent, les guerriers s'en étaient tous enfuis, et il ne restait que les femmes et les enfants. Les blancs se consultèrent ; que faire ? — Que faire ? s'écria le guide indien, tirer sur les femmes. Les blancs se récrient, l'acte est infâme, et d'ailleurs où est l'utilité de tirer sur un groupe de femmes ? — L'utilité ! répond le Pai-Ute, vous tirez dans le camp, vous tuez une vingtaine de femmes et d'enfants, et puis vous voyez les braves et les guerriers accourir à leur défense. Ils ne sont pas loin. — On se rendit à cet argument, et on fit feu sur le camp. Aux cris des femmes et des enfants blessés, les guerriers indiens sortirent aussitôt de leurs cachettes. Une lutte acharnée s'engagea, le camp fut enlevé, « et tout ce qui restait encore d'hommes, de femmes et d'enfants, fut recherché et mis à mort. »

Citons encore ce second fait, qu'on peut donner comme un modèle accompli de parjure. Une bande d'Osages inoffensifs errait dans les plaines du Kansas à la recherche des daims et des buffles. Leur chasse terminée, et au moment où ils allaient regagner leur campement en emportant leurs peaux et leurs viandes de buffle, un nuage de poussière s'élève à l'horizon : ce sont quarante cavaliers blancs appartenant à la milice du Kansas et commandés par un certain capitaine Rickers. Les Osages, embarrassés de leurs provisions, de leurs femmes et de leurs enfants, ne pouvaient songer à fuir ; deux des leurs s'avancèrent donc en parlementaires au-devant des blancs, qui leur donnent les témoignages d'amitié les plus rassurants et les invitent à venir au milieu d'eux comme convives bienvenus. Les confiants Osages acceptent cette invitation, déposent leurs armes et mettent leurs chevaux au repos. Lorsque la bande est désarmée au complet, Rickers fait un signe à ses hommes, les carabines s'abaissent, et quatre Osages tombent morts ; le reste de la bande s'enfuit comme elle peut, laissant derrière elle chevaux, armes et provisions. Un agent pour les affaires indiennes, irrité par ce massacre, s'adresse au capitaine Rickers pour en connaître les auteurs. « Vous demandez qui a tué les quatre Osages ? répond Rickers insolemment, c'est nous qui avons tué les Osages, et nous sommes bien résolus à tuer cette vermine partout où nous la rencontrerons dans notre état. » L'agent s'adresse alors à l'autorité suprême du Kansas, le gouverneur Osborn. Osborn répond que le capitaine Rickers est porteur d'une commission qui lui enjoint de traiter comme hostiles toutes les bandes d'Indiens trouvées dans l'état. On examine ladite commission, elle portait une date postérieure de dix jours au massacre, et en conséquence avait été expressément faite pour la circonstance. Comme d'ordinaire les sauvages manquent de bonne foi, le capitaine Rickers et le gouverneur Osborn peuvent dire pour leur défense qu'ils n'ont fait que payer les Indiens avec leur propre monnaie. Cela est bien possible ; seulement on peut répondre que cette morale-là est précisément celle des Peaux-Rouges, dont ils se font les élèves et les émules en la pratiquant, mais qu'elle est en contradiction flagrante avec la morale de la race blanche, qui n'a pas encore admis qu'il fût permis de manquer à la foi jurée, même envers des sauvages.

Ce sont bien là les leçons qu'enseignent le spectacle d'une habituelle férocité et les sentiments de colère et de vengeance qui s'élèvent par représailles dans les cœurs de ceux qui souffrent de brigandages sans cesse répétés, et en ce sens on peut dire en toute réalité que les Indiens n'ont été que trop souvent les professeurs des Américains ; mais M. Dixon, qui ne s'arrête jamais à mi-côte, va beaucoup plus loin et n'hésite pas à attribuer à l'influence des Indiens nombre d'habitudes et de coutumes malfaisantes qui déparent les mœurs de l'Union. Par exemple, la vendetta fleurit dans certains états de l'ouest, et notamment dans l'Illinois, avec autant d'intensité qu'elle fleurissait autrefois dans tous les états de l'Europe méridionale. M. Dixon cite plusieurs exemples de haines héréditaires qui peuvent soutenir la rivalité avec celles qui divisaient les anciennes familles italiennes ; mais en quoi les Indiens doivent-ils être responsables d'une coutume que l'on trouve plus ou moins répandue chez tous les

II. — Les indiens.

peuples de la terre, et plus ou moins forte selon leur état de société ? Il est possible que l'exemple des Indiens n'y ait pas nui, mais pour qu'on pût les accuser sûrement d'être la cause et l'origine de cette coutume, il faudrait qu'on ne la rencontrât que dans les seuls États-Unis. y avait-il des Peaux-Rouges dans les anciennes municipalités italiennes ? Y en a-t-il aujourd'hui en Corse et en Sicile ? Il est vrai que M. Dixon, à qui le fait n'a pas échappé, se hâte d'assimiler un peu trop ingénieusement les Peaux-Rouges aux Corses, aux Siciliens et aux Basques. La loi du talion, la coutume de se faire justice soi-même et de rendre crime pour crime, se rencontrent, dit-il, « dans tout pays où subsistent encore des vestiges de ses plus anciennes races ; aussi la France trouve-t-elle un reste de ce régime en Corse, l'Espagne dans les provinces basques, l'Angleterre dans le Connaught, et l'Amérique dans les prairies. » Je crois qu'il serait plus juste de dire que ces mœurs homicides se sont conservées dans tout coin de terre où, grâce à la configuration des lieux, l'ancien état de société d'où elles étaient issues a pu se conserver. En règle générale, toutes ces coutumes de vengeances héréditaires, de substitution de la justice privée à la justice publique, de châtiments sommaires exécutés par la force aveugle, étaient nées de l'état de société créé par le morcellement féodal et l'isolement où il laissait l'individu. Or qui ne voit que, malgré la différence énorme qui sépare la démocratie de la féodalité, l'état de société de certaines régions de l'ouest américain est à quelques égards presque le même que l'état de société féodal Comme dans la société féodale, et plus encore que dans la société féodale, l'individu isolé, souvent sans recours possible à l'autorité générale, est obligé de compter avant tout sur lui-même. S'il ne se fait pas justice, il doit craindre qu'il ne lui en soit fait aucune s'il ne se paie pas de ses propres mains, il est douteux qu'il obtienne aucune réparation. Est-il fort et méchant, il sait qu'il peut impunément abuser. Est-il faible et outragé, il se venge par l'embuscade et le guet-apens. L'absence ou l'éloignement de toute justice régulière fait naturellement passer aux foules le droit de répression et de châtiment, et donne naissance à des associations plus ou moins secrètes qui, sous prétexte de bien public, deviennent rapidement malfaisantes comme toute chose qui échappe au contrôle de l'opinion. Ajoutez enfin que dans ces régions de l'ouest l'esprit d'égalité démocratique a ses coudées

Émile Montégut

entièrement franches ; ajoutez que l'esprit d'indépendance absolue, de *self reliance*, qui caractérise l'Américain, y est dans son plus entier épanouissement, et vous comprendrez qu'il n'est pas absolument nécessaire de chercher dans les mœurs sauvages l'explication de faits comme les vengeances personnelles, la loi de Lynch, ou les associations du genre de celle du Ku-Klux clan. Cela dit, nous ne ferons aucune difficulté d'admettre que des exploits pareils à l'acte de sinistre et grotesque justice que nous allons rapporter mériteraient en effet d'être inspirés par des Indiens, et plût à Dieu que ce fut à leur seule influence et à nulle autre cause qu'il fallût les rapporter !

« Un fermier, nommé Vancil, vivait près de Soto, ville sur la Grosse-Rivière-Boueuse, dans la partie sud de l'Illinois. Vieux et faible, ce fermier eut une querelle avec sa femme, qui laissa la ferme et s'en alla vivre avec ses parents à quelque distance. Ayant besoin d'aide dans sa maison, Vancil prit une femme à gages, et plaça ses pots et ses poêlons sous sa charge. Un jour, douze individus masqués et déguisés vinrent à sa ferme, et, le trouvant au logis, ils lui dirent qu'ils avaient jugé son cas et décidé ce qu'il devrait faire.

« — Vous vous établissez juges entre ma femme et moi ?

« — Oui, monsieur, nous avons pesé les faits.

« — Les faits ! quels faits ?

« — Peu importe ; nous avons pesé les faits, et nous trouvons que vous avez tort.

« — Bon, dit Vancil, si vous savez…

« — Il est inutile de parler, dit l'orateur de la bande, nous sommes venus pour remettre les choses en bon ordre. Vous allez renvoyer cette ménagère ; vous ferez revenir la vieille femme au logis, vous vous réconcilierez, et à l'avenir gardez-la à la ferme.

« — N'avez-vous pas encore d'autres ordres à me donner ? demanda Vancil, se levant furieux.

« — oui, répond le porte-parole, qui énumère différentes choses de peu d'importance que le fermier devra exécuter.

« — Supposons que je désobéisse ?

« — N'essayez pas, grogna le porte-parole. Si vous refusez d'exécuter ces ordres, nous vous pendrons comme un chien.

Prenez garde !

« Le fermier congédie immédiatement sa servante et écrit à sa femme pour l'informer des ordres étranges qu'il a reçus. Sur tous les moindres points, il exécute les ordres ; mais sa femme ne veut pas revenir vivre avec lui. Elle ne sait rien, allègue-t-elle, relativement à ses champions, et refuse de tirer avantage de leur intervention. Quelques nuits après leur première visite, la bande revient, masquée comme la première fois, à la ferme de Vancil.

« — Où est la femme ? dit brusquement l'un d'eux.

« — Elle ne veut pas revenir, soupire le vieillard. J'ai congédié la servante, j'ai envoyé chercher ma femme, j'ai fait tout ce que vous m'aviez commandé, mais je n'ai pas pu parvenir à faire revenir ma femme au logis.

« En dépit de ses supplications et de ses explications, le pauvre vieillard est poussé hors de sa maison, traîné vers un arbre qui en était proche et attaché à une branche, où il est laissé jusqu'à ce que mort s'ensuive. Le lendemain, son cadavre est trouvé par un fermier nommé Stewart Clup.

« Ce Stewart Clup, fermier qui demeurait près du théâtre du meurtre, avait vu la bande d'hommes masqués et en avait reconnu deux ou trois, à travers leur déguisement, comme membres d'une société secrète appelée le Ku-Klux d'Illinois. Clup parla, irrité qu'il était par cet outrage qui s'était passé près de sa porte. Deux membres de la ligue furent arrêtés sur soupçons et portés sur le rôle des petites sessions ; mais, avant que le procès commençât, le seul témoin qui pouvait prêter serment contre eux n'était plus. Comme Clup revenait dans sa carriole du moulin de De Soto, on entendit un petit clic-clic, une balle siffla dans l'air, et Clup roula mort dans l'arrière de son chariot. Le témoin disparu, le procès des deux hommes soupçonnés n'avait plus de base. »

Revenons à nos sauvages, dont, on en conviendra, cette justice des *gentlemen* du *Ku-Klux clan* ne nous a pas beaucoup écarté. Ce qui donne un certain fondement à l'opinion soutenue par M. Dixon, c'est qu'il y a en effet certaines ressemblances entre les manières de procéder des Indiens et celles de ces sévères apôtres de la morale conjugale que nous venons de voir à l'œuvre. Par exemple, c'est souvent sous le masque qu'ils accomplissent quelques-uns de leurs hauts faits, pillages des fermes, arrestations de diligences, attaques contre les convois d'émigrants. Les Indiens connaissent aussi les sociétés secrètes ; ils ont leurs *Ku-Klux clan*, qui se nomment la *Ligue de l'Épingle* ou la *Société des Chevaux légers*. Que nous dit-on que ces sauvages sont incapables de civilisation ? Ils en sont incapables, sans aucun doute, par les méthodes qui ont été employées à leur égard, ces méthodes ayant toujours eu pour but non pas de les introduire dans la civilisation, mais de les en exclure, non pas de les rapprocher des blancs, mais de les en éloigner. Peut-être d'autres méthodes auraient-elles mieux réussi, si on avait eu le loisir et le dévoûment de les essayer. Sur les 300,000 Indiens dont se compose la population de race rouge des États-Unis, il y en a un bon tiers chez qui le sang est maintenant fort mélangé, qui ont adopté quelques-unes des manières de vivre des blancs, qui ne vivent pas exclusivement de chasse, mais pratiquent les arts de l'agriculture, et qui ont des manières de bourgs et de petites villes composées de hangars, où l'on peut trouver une chapelle, une école et un cabaret clandestin. Ils ont même parmi eux des partis à l'instar de ceux qui divisent nos sociétés. Voyez plutôt ce qui s'est passé chez les Cherokees, reste d'une tribu autrefois puissante, aujourd'hui fort diminuée en nombre. Lorsqu'ils furent chassés de leurs anciennes terres de la Géorgie et de l'Alabama, et qu'ils reçurent en échange leur nouveau territoire, ils se consultèrent pour déterminer la ligne de conduite qu'ils devraient suivre. Alors il se forma deux partis, l'un conservateur sous un chef qui s'était donné le nom anglais de Ross, l'autre libéral sous un chef qui s'était donné le nom non moins anglais d'Adair, noms où par parenthèse se révèlent déjà la fréquentation des blancs et l'envie de les imiter. Le parti conservateur tint pour les anciens usages, c'est-à-dire pour la vie de chasse et de guerre, le brigandage et le vol, le dédain du travail agricole et la propriété indivise. Le parti libéral, au contraire, était partisan de la propriété individuelle, des familles séparées, du travail agricole, et penchait pour l'adoption des principaux usages des blancs. Le libéral Adair avait pour bras droits deux jeunes chefs intelligents, Stand Watie et Daim Robuste, appelé aussi Boudinot, du nom d'un bon planteur français qui lui avait servi de père adoptif et l'avait fait élever. Bientôt les deux partis en vinrent aux mains. Le conservateur Ross fit assassiner

Boudinot Daim Robuste, et, pour résister avec plus d'efficacité aux efforts de ses ennemis, il unit ses partisans par une ligue secrète nommée la *Ligue de l'Épingle*, parce que ses adhérents avaient pour signe de reconnaissance une épingle attachée à leurs chemises de chasse. Par le moyen de cette association, presque tous les chefs libéraux ont été assassinés, mais la guerre intestine n'en continue pas moins à désoler la tribu des Cherokees. Ces pauvres sauvages, deux fois martyrs de la civilisation, martyrs par elle et martyrs pour elle, ont vraiment droit à la reconnaissance qu'elle garde à ses promoteurs. Ce qui se passe chez les mormons est encore bien significatif. Dans tout état où ils se trouvent trop voisins des blancs ou enclavés entre leurs établissements, les Indiens sont en guerre avec eux ; dans l'Utah, au contraire, Utes et Shoshones vivent au milieu des saints du dernier jour dans la plus pacifique fraternité, et s'ils exercent encore quelquefois leurs talents pour l'embuscade et le massacre, c'est au profit du peuple gouverné par Brigham Young, lequel paraît les avoir employés maintes fois sans scrupules comme éclaireurs ou gardiens de sa frontière. Beaucoup ont été baptisés, et ceux qui ne l'ont pas été vivent sans difficulté selon les principes du mormonisme. Que voulez-vous ? Brigham Young leur dit qu'ils sont un peuple sacré, les débris des tribus d'un Israël séparé et errant réfugié en Amérique, les dépositaires de la révélation que le grand-esprit avait réservée au Nouveau-Monde, qu'ils se relèveront de leur état d'abaissement et qu'ils sont prédestinés au plus glorieux avenir ; et ils ont compris avec tout autant de promptitude qu'un prolétaire français comprend un candidat au suffrage universel qui lui déclare qu'il est le roi du monde. Ces mormons, loin de les mépriser, se présentent presque humblement devant eux comme les disciples de leurs pères, comme les sauveurs de la foi qui devait leur être transmise ; ce sont donc eux qui auraient presque le droit de regarder leurs frères blancs avec orgueil et insolence. Apôtres et missionnaires mormons n'ont pas dédaigné de prendre souvent des femmes parmi leurs *squaws*. Les mormons ne leur reprochent ni leur polygamie, puisqu'ils la pratiquent eux-mêmes, ni leur communisme, puisque Brigham Young le recommande à ses disciples comme le degré le plus élevé de la perfection, et qu'il a créé tout exprès pour stimuler leur zèle à cet égard une sorte d'ordre religieux. Tous ceux qui

Émile Montégut

consentent à se dépouiller entièrement de leurs biens au profit de la communauté sont déclarés enfants d'Hénoch. En dépit de cette séduisante amorce, les mormons riches se sont montrés peu ambitieux de cette dignité, que les Indiens convertis au contraire ont recherchée avec empressement. Chose curieuse et bien propre à faire réfléchir ; jusqu'à ce jour, trois entreprises seulement ont réussi avec les Indiens : celle des franciscains en Californie, celle des jésuites au Paraguay et celle des mormons dans l'Utah. L'esprit religieux serait-il donc par hasard l'unique méthode à employer pour inspirer aux Indiens la honte de leur état sauvage, et les amener à vivre avec les blancs sans hostilité ?

Le gouvernement des États-Unis n'a pas malheureusement de telles méthodes à sa disposition ; il n'a que des moyens de guerre et d'extermination, moyens fort efficaces, mais qu'il n'est pas toujours facile d'employer, outre qu'ils ont quelque chose d'odieux. On a senti qu'il fallait en trouver d'autres, et sous la présente présidence du général Grant, l'on a imaginé un plan qui ne manque pas d'une certaine hypocrisie et qui, s'il est réalisé, débarrassera l'Union de ses Indiens plus vite que ne le pourraient faire pendant des années toutes les expéditions militaires, fussent-elles même dirigées par le général Sheridan, dont la campagne contre les Peigans est restée célèbre. Les libéraux Cherokees dont nous venons de parler ont conçu un rêve qui ne manque pas de grandeur pour émaner de demi-sauvages : c'est la réunion de toutes les tribus indiennes en une seule nation, et la transformation du territoire indien en état indépendant et séparé. C'est un rêve prophétique de mort prochaine pour leur race qu'ont fait là ces néophytes de la civilisation. Ce rêve, le gouvernement américain en médite la contre-partie, l'élévation du territoire indien au rang d'état, reçu dans l'Union au même titre que tous les autres. Pourquoi, s'est-il demandé, le territoire indien ne deviendrait-il pas un état ouvert comme tous les autres à la race blanche ? Jusqu'à présent, la réponse semblait facile, parce que ce territoire est la propriété des Indiens, à qui il a été donné comme compensation des terres qu'on leur enlevait ailleurs. Lorsque les colons européens s'établirent en Amérique, quels étaient les occupants du sol, sinon les Indiens ? En tout pays du monde, l'occupation première a été considérée comme un titre de propriété, et jusqu'à ce jour l'Amérique n'avait pas fait exception à cet égard. On avait eu besoin des terres des Indiens ; mais comme on avait senti qu'on n'avait aucun droit de les déposséder, on avait appliqué à leur égard un équivalent de notre loi d'expropriation pour utilité publique. Voici que maintenant les jurisconsultes de la cour suprême des États-Unis sont en travail sur ce sujet d'une jurisprudence toute nouvelle, d'après laquelle les Indiens, non-seulement comme race, n'ont aucun droit général sur le sol, mais n'ont comme individus aucun droit de tenir en propriété une. portion de leurs terres. Le seul propriétaire légitime est le gouvernement des États-Unis. C'est la confiscation pure et simple ; mais si les Indiens n'ont plus de droits sur le sol, quelle devient leur condition ? celle de mineurs et de pupilles dont l'état doit prendre en mains l'éducation et le gouvernement. En échange de leurs terres et de leur liberté, on leur donnera des précepteurs méthodistes et anabaptistes pour leur enseigner la morale chrétienne, et comme ces écoliers portent dans leur sang un goût héréditaire pour l'école buissonnière, on les entourera de postes militaires pour réprimer leurs instincts de vagabondage. Et maintenant, si vous voulez savoir ce qui adviendra ensuite, prêtez l'oreille à cette petite conversation entre M. Dixon et un journaliste du Texas, à bord d'un bateau à vapeur.

« — Je suppose que vous êtes un correspondant de la presse de New-York ?

« — Non, monsieur, je suis un visiteur de la vieille contrée. « — Ah ! un Anglais ! Vous connaissez Ulysse Grant ?

« — J'ai ce privilège.

« — Je suppose alors que vous pouvez me dire ce qu'il compte faire avec les Indiens ? Je suis natif du Texas, et je représente le *Spread Eagle* ; je suppose que vous avez entendu parler du *Spread Eagle* ? Non ! c'est étrange. Bon, je suis venu des régions de l'est pour savoir ce que le président prétend faire relativement au territoire indien. S'il est disposé à ouvrir le pays, nous sommes tout prêts aux portes. Tout Denison passera la Rivière-Rouge. Caddo est plus près du fort Sill que Denison, et serait plus avantageux au gouvernement qu'un magasin d'armes et d'approvisionnement. Deux mots par le télégraphe, rien que *allez de l'avant*, amèneraient 10,000 hommes à Denison, à Caddo, à Limestone Gap, en moins d'une semaine.

Émile Montégut

Cette contrée, monsieur, est le jardin de l'Amérique. » Je crains que ce journaliste n'ait raison. Cinq ans après que les contrées indiennes auront été ouvertes au capital et au travail, les Creeks et les Cherokees ne posséderont pas plus de sol dans Oklahoma qu'ils n'en possèdent dans le Massachusets et le New-York. »

III. — Rouges, noirs et blancs.

Une des parties les plus nouvelles de *White Conquest* est celle qui se rapporte aux conflits de la race rouge et de la race noire en Amérique. Pendant le cours de ses excursions dans les districts indiens, M. Dixon s'arrête à Caddo, sur le territoire des Choctaws, village exclusivement composé de *zambos*. Vous ne savez peut-être pas ce que c'est qu'un *zambo* ? En ce cas, écoutez les renseignements que voici : « Un père indien et une mère nègre produisent un *chino* ; un père noir et une mère indienne produisent un *zambo*. La couleur du *chino* est d'un rouge sale, celle du *zambo* d'un brun sale. Le *chino* est un individu décharné et mal formé, et son demi-frère le *zambo* est encore plus laid. Il serait difficile de trouver sur terre une population aussi baroque de forme et de couleur que les nains *zambos* qui se couchent et se vautrent dans ces ornières. » Comment donc tant de ces singes humains se trouvent-ils réunis au même lieu ? C'est une histoire cruelle et burlesque à la fois, cruelle comme la race indienne, burlesque comme la race nègre. Avant la guerre de sécession, tous les nègres qui se trouvaient sur le territoire indien étaient esclaves, et appartenaient aux cinq tribus des Creeks, des Choctaws, des Séminoles, des Chickasaws et des Cherokees, tribus qui sont regardées comme sorties de leur état sauvage premier.

Le Scarmentado de Voltaire, cultivant sous le fouet le champ de sa vieille négresse, fit l'expérience qu'il n'y a pas au monde de lot plus dur que d'être l'esclave d'un esclave ; les nègres des districts indiens faisaient plus cruellement encore la même expérience, car ils étaient placés sous la domination des *squaws* qui, bêtes de somme et de labeur elles-mêmes, se vengeaient du sort en rendant à ces malheureux les mauvais traitements et les fatigues que leur imposaient journellement leurs seigneurs tatoués. S'il se plaignait, le gourdin rappelait l'esclave à des sentiments plus stoïques ; s'il se révoltait, un coup de hache mettait fin à la rébellion. L'Indien, qui n'a pas la notion du capital, ne ménageait pas son bétail humain comme le planteur de la Géorgie et des Carolines. Il n'en faisait pas non plus l'élève comme le planteur de la Virginie, et il était indifférent au croît de l'esclave, que l'on accouplait, pour les nécessités de la génération, aux plus vieilles et aux plus laides femmes du camp, soit noires, soit rouges. De là cette abondance de *zambos* nains et contrefaits. Ce qui est pour les autres hommes le dernier degré du malheur devait apparaître à celui-là comme une bénédiction. A coup sûr, il aurait considéré comme un bonheur insigne d'être conduit en foire sur les marchés du sud, et lorsqu'il pensait à ses frères, esclaves des blancs, des visions riantes de pays heureux où la chair ne saignait que de temps à autre sous le fouet de l'*overseer* devaient passer devant ses yeux. La misère, on le sait, est singulièrement féconde, mais il paraît que la servitude l'est encore davantage ; en outre, de tous les mammifères le nègre est celui dont le sang est le plus chaud ; grâce à ces trois causes réunies, la race nègre, en dépit de cette affreuse oppression, avait crû dans les districts indiens avec une extrême rapidité. « Au moment de la guerre les Seminoles avaient 1,000 esclaves, les Cherokees et les Chickasaws chacun 1,500, les Creeks et les Choctaws chacun 3,000, » total 10,000 nègres contre une population de 14,000 Indiens possesseurs d'esclaves. Lorsque la guerre éclata, les cinq tribus susnommées se trouvèrent donc intéressées dans la querelle qui divisait les blancs de l'Union. Jefferson Davis les fit sonder par un de ses agents nommé Albert Pike, homme adroit qui obtint aisément leur concours contre la promesse de la vente libre du whiskey sur leurs territoires. Cinq mille Indiens s'enrôlèrent sous la bannière du sud, mais, mieux faits pour la guerre d'embuscades que pour la guerre régulière, ils s'enfuirent au premier tapage de l'artillerie, ne rendirent jamais aucun service, et se bornèrent pour tous exploits à scalper sur les champs de bataille les morts et les blessés, fait qui, répété par tous les porte-voix de la presse américaine, jeta un instant un tel odieux sur la politique du sud, que Jefferson Davis se décida à les congédier. Ils s'en retournèrent donc dans leurs prairies, laissant à la fortune du sud le soin de décider s'ils conserveraient ou non leurs esclaves. La fortune répondit non, et les noirs se trouvant délivrés, les Indiens leur donnèrent à coups de pied la clé de l'espace. Mais où aller dans ces solitudes où ils n'avaient pas le droit de se bâtir une hutte et de cultiver un pied de terre, sans chevaux, sans armes à feu, sans provisions ? Après avoir longtemps roulé à travers les bois et les prairies avec leurs *squaws*, leurs *chinos* et leurs *zambos*, bon nombre d'entre eux arrivèrent à l'emplacement d'un ancien campement d'une petite tribu, les Caddos, dont les derniers membres ont depuis longtemps quitté cette région. Quelques ouvriers envoyés dans ces lieux pour la construction d'un chemin de fer s'y étaient établis, et les fugitifs trouvant dans ce voisinage une garantie de sécurité s'y installèrent. Cependant même là les ex-esclaves n'ont pas droit de séjour et d'habitation, car Caddo appartient au territoire des Choctaws, les anciens maîtres de plus d'un d'entre eux, et ils peuvent être expulsés à volonté des cabanes qu'ils ont bâties et des champs qu'ils ont cultivés ! En attendant, Caddo est devenue une petite ville qui prospère, où il se fait beaucoup de politique révolutionnaire, ce qui n'a rien d'extraordinaire, étant donné le caractère et l'origine de la population, et qui possède même un journal, *l'Étoile d'Oklahoma*, rédigé par M. Granville Macpherson, un aventurier, ou, comme dit spirituellement M. Dixon, « un Rob-Roy littéraire. »

Comme la pelle aime volontiers à se moquer du fourgon, selon un proverbe bien connu, on ne sera pas étonné d'apprendre que les Indiens professent le plus profond mépris pour les nègres, qu'ils regardent comme une population créée par le Grand-Esprit pour la servitude. Aussi leur émancipation et surtout leur admission aux fonctions administratives et politiques semblent-elles avoir jeté une grande irritation parmi celles des tribus qui se montrent le mieux disposées en faveur de la civilisation. Le fils de Boudinot-Daim-Robuste, le Cherokee libéral, ayant fait un voyage à Washington, en revint, disait-il, *triste comme les bois en automne*, expression d'une admirable poésie par parenthèse et qui n'a pas de supérieure dans Chateaubriand. Il était allé au capitole pour assister à un grand débat sur la politique à suivre par l'Union envers sa race, et qui avait-il vu installé sur le siège du président ? Un noir, esclave hier encore. Tout le rouge de la honte monta au front du fils des guerriers en songeant qu'un pareil compère avait le droit de faire des lois pour un peuple immémorialement libre

III. — Rouges, noirs et blancs.

comme le sien. « Chacun, soupira le jeune Cherokee, semble avoir des droits dans cette république, excepté les possesseurs primitifs du sol. » Les Indiens ne parviennent pas à comprendre comment le même gouvernement, qui leur retire leurs terres et leur refuse le droit de vivre, a donné aux nègres tant de droits et de privilèges qu'ils sont partout égaux et en quelques endroits supérieurs aux blancs. Il en résulte qu'une bonne part du mépris qu'ils professent pour les noirs rejaillit sur les blancs, et, chose plus curieuse, que la qualité de citoyen américain ne leur semble rien d'enviable et qu'ils la repoussent expressément, surtout depuis que le plan adopté par Grant les menace de leur en faire don en compensation de leurs terres. L'idée d'obtenir la même fortune que les noirs ne les enivre pas. Écoutez ce petit paragraphe que M. Dixon a coupé dans un journal rédigé à Taliquah, principal campement des Cherokees, par un métis libéral, et dites-moi si vous avez jamais rencontré dans la plus aristocratique des contrées une expression de mépris plus prononcée, Il Comme peuple, nous ne sommes pas préparés pour la citoyenneté américaine, de n'est pas que nous ne soyons suffisamment intelligents, honnêtes ou industrieux, ou que nous manquions beaucoup de ces qualités essentielles qui rendent un homme capable d'être libre en tout lieu : c'est que nous n'avons pas cet apprentissage et cette expérience de l'astuce que la condition de la liberté autorise (si tant est qu'elle n'y encourage pas) à employer comme un droit national contre ceux qui sont sans soupçons, les deux parties étant également libres de duper et d'être dupées. » Voilà de la satire ou je ne m'y connais pas. L'expression est un peu embarrassée, mais le sentiment est fort et direct, et ces quelques lignes sont tout simplement une des boutades les plus insolentes qu'on ait jamais écrites contre les mœurs démocratiques, dont la fraude est en tout temps et en tout pays la malédiction.

De tous les états de l'Union, le plus arriéré est peut-être le Texas. Il est pour l'Amérique du Nord ce que sont pour nous la Corrèze, la Lozère ou les Hautes-Alpes, un territoire à entourer sur les cartes géographiques d'un cercle noir, indice de misère, d'ignorance ou de désordre. C'est qu'il se rencontre que par un privilège fatal le Texas est le théâtre des conflits des trois races, partout ailleurs divisées. Noirs contre blancs, blancs contre rouges, rouges contre noirs et blancs, voilà l'état social du Texas. Nulle sécurité ni pour

Émile Montégut

les personnes ni pour les biens. Tout Texien est un cavalier armé d'une carabine ; il peut avoir besoin de fuir rapidement devant une invasion de Kiowas ou de Kickapoos, voleurs de bestiaux, ou de défendre sa vie contre l'agression d'un nègre ivre. Ajoutez des circonstances secrètes de climat et de nature qui sont ressenties, paraît-il, même par les animaux, et qui poussent à la sauvagerie. A cette violence de la nature répond la brutalité des mœurs, même chez la race blanche, où les habitudes d'ivresse et de rixe sont plus fréquentes que dans tout autre état. Aussi l'anarchie est-elle ici en permanence. « Je ne puis dire, disait un Texien à M. Dixon, qu'au Texas un individu juge comme une mauvaise action de tuer son créancier, le séducteur de sa femme, son camarade ivre. » La propriété, quoique d'un rendement admirable, y devient presque sans valeur, exposée qu'elle est aux déprédations des Indiens et aux maraudages des nègres et des métis. Un riche propriétaire texien proposa à M. Dixon de le débarrasser de ses propriétés, qui étaient immenses et dont il n'avait jamais retiré un cent. Tous ses efforts pour les administrer avaient été vains ; lorsqu'il avait voulu les visiter, ceux qui s'en étaient faits les usufruitiers de leur autorité privée l'avaient averti d'avoir à s'en retourner d'où il venait ; les agents qu'il avait envoyés pour les surveiller avaient été tués. Un tel pays, violent et sauvage, est le paradis pour le nègre émancipé. Partout ailleurs il est gêné dans l'expansion de sa dangereuse jovialité par la civilisation trop abondante qui le serre de trop près, et aussi par le souvenir de son état si récent de servitude, qui fait encore entendre à son oreille le sifflement du fouet de l'*overseer* ; mais ici, où la nature ambiante est en harmonie avec ses instincts, où la population blanche augmente lentement et reste clairsemée sur un vaste territoire, sa stupidité fleurit comme le désert, et sa bestialité s'épanouit comme la rose. L'année où M. Dixon parcourut le Texas, il y avait eu dans cet état trois mille meurtres ; presque tous étaient l'ouvrage des noirs ; il est vrai d'ajouter, comme circonstance atténuante, qu'ils avaient commis la plupart de ces crimes contre leurs frères mêmes. Ces crimes-là, les noirs peuvent les commettre avec d'autant plus de sécurité que les Texiens n'en ont cure. Un noir est tué par un autre noir, personne ne se dérange ; la belle affaire ! c'est presqu'un service que l'assassin rend à l'état. Il n'en va pas tout à fait de même lorsque la victime est un blanc ; alors on peut être

III. — Rouges, noirs et blancs.

sûr que le sang coulera largement avant que la vengeance sociale soit satisfaite, car, grâce à l'hostilité des deux races, aucune ne se de à la justice. Si le juge appartient au parti républicain, le noir est sûr d'être absous ; s'il appartient au parti démocratique, il est sûr d'être condamné. Le plus court est donc de tirer vengeance du crime sans recourir à l'autorité judiciaire. Une ligue de blancs s'organise pour s'emparer du meurtrier ; mais à cette ligue répond une contre-ligue de noirs pour arracher le captif des mains de ses ennemis ; en sorte qu'il peut arriver qu'un assassin soit pris, délivré, repris, redélivré quatre ou cinq fois avant que l'aventure trouve un dénouement. On voit que, si l'émancipation a fait du Texas un paradis pour les noirs, elle est bien près d'en avoir fait un enfer pour les blancs. Cependant, il faut le dire, ce n'est guère que dans le Texas que l'émancipation a produit cette anarchie fangeuse et sanglante ; partout ailleurs, le conflit inévitable qui devait résulter d'une mesure si soudaine et si complète a pris un caractère plus purement politique. Il n'en est pas pour cela moins offensif. Le tableau que M. Dixon trace de la situation des états du sud est vraiment fait pour effrayer. Là le danger n'est pas dans les actes de violence qui pourtant ne manquent pas, il résulte de la disproportion presque générale qui existe entre les chiffres des deux populations. La Géorgie est un des états les moins mal partagés : elle possède une majorité blanche ; cependant, dit M. Dixon, « cette majorité est légère, et sa population noire est massée de telle sorte qu'elle peut commander le vote dans beaucoup de comtés. » Dans trois de ces comtés, il y a deux nègres pour un blanc, dans cinq autres plus de deux nègres pour un blanc, dans trois autres plus de trois nègres pour un blanc, dans un dernier, quatre nègres pour un blanc. Dans l'état du Mississipi, les noirs ont une minorité faible, mais décidée, sept contre six blancs. Dans la Louisiane, les deux populations se balancent à peu près, ce qui est peut-être la situation la plus désavantageuse, car c'est la lutte en permanence, et avec la lutte la fraude politique et tous les moyens de corruption et de violence qu'elle met en usage. Mieux vaut après tout l'écrasement complet de la Caroline du sud, où la population blanche subit absolument la domination de la population noire, dix noirs contre sept blancs. Là au moins la ligne de conduite est toute tracée, toute ardeur de combat tombe devant l'éloquence de ce chiffre, qui ne permet aucune illusion ; les ligues

Émile Montégut

blanches qui se forment dans tous les autres états par opposition aux ligues noires, et qui souvent l'emportent malgré l'appui des agitateurs venus du nord, seraient ici parfaitement inutiles ; il n'y a qu'à subir le joug et à se résigner. Lorsque M. Dixon visita la Caroline du sud, cet état était une véritable république noire. Sur trente-trois sénateurs, quatorze étaient noirs ; sur cent vingt-quatre représentants, soixante et treize étaient noirs. Noirs les présidents des deux chambres, noir le secrétaire d'état, noirs le trésorier de l'état, l'adjudant et inspecteur-général, le juge adjoint au grand juge de l'état. Les noirs ont la majorité, ils ont l'autorité, ils ont la force. Il y a tel comté où une milice noire, commandée par un général noir, assisté d'un état-major noir, se tient toujours prête à exécuter les ordres d'un shérif noir, exécuteur lui-même des décisions d'un juge noir, tout cela sous la surveillance partiale d'un proconsul *carpet-bagger*, venu du nord tout exprès pour livrer la population blanche à l'ascendant de ses anciens esclaves. Ce qu'il y a de plus cruel dans cette situation, c'est que, si elle a eu un commencement, on ne voit pas trop comment elle pourrait jamais avoir une fin. La Caroline du sud semble être le bouc émissaire destiné à payer tous les péchés de l'ancienne institution de l'esclavage. Elle expie non-seulement pour elle, mais pour tous les autres états qui se sont débarrassés ou se débarrasseront de leur population noire à son détriment. Ce malheureux état exerce en effet une sorte d'attraction magnétique sur la race noire, pour laquelle il semble une terre de Chanaan ou un Eldorado magique. ils y affluent en conséquence de tous les états voisins, et déjà le Missouri, le Kentucky, le Maryland et la Virginie se sentent respirer plus librement, grâce à cet exode sous lequel halète et étouffe au contraire la Caroline du sud.

Toutefois, malgré ces conditions désavantageuses, le sud pourrait aisément résister, s'il était laissé à lui-même, seul en face de ses noirs. La force des mœurs et des habitudes combat encore et combattra longtemps pour les blancs. Ces noirs, vainqueurs aux batailles du scrutin et politiquement maîtres des blancs, se garderaient bien de se mêler à eux dans d'autres réunions que des assemblées législatives, de se ranger à l'église sur les mêmes côtés, de monter dans les mêmes voitures publiques, de prendre les mêmes places aux bateaux à vapeur. « Les nègres ne viennent jamais en votre compagnie ? demande en chemin de fer M. Dixon

III. — Rouges, noirs et blancs.

à un voyageur. — Jamais ; un nègre s'asseoir parmi nos femmes et nos sœurs ! — N'a-t-il pas les droits légaux ? — Oui, les droits que les règlements et les articles peuvent lui donner, mais il connaît sa place beaucoup mieux que ne la connaissent les *sadawags*. » Même dans cette Caroline du sud, toute submergée qu'elle est par le déluge des hommes de couleur, une des phrases que l'on entend le plus souvent prononcer, c'est que pas un de ces hommes libres n'oserait regarder un *gentleman* en face. Dans les luttes de la vie publique, le noir, soutenu par ses meneurs, affronte assez résolument le blanc, mais dans toutes les choses de la vie sociale, il recule devant lui ; c'est tout à fait la reproduction de cette ancienne histoire des esclaves scythes, qui, s'étant révoltés contre leurs maîtres, leur résistèrent vaillamment tant qu'ils se battirent avec l'arc et la lance, mais qui perdirent tout cœur et lâchèrent pied le jour où leurs tyrans se présentèrent à eux sans autres armes que les fouets dont ils avaient l'habitude de les frapper. Et puis une influence toute-puissante, la plus aristocratique de toutes, celle à laquelle rien ne résiste, combat en faveur des anciennes habitudes, la volonté des femmes. Les hommes céderaient peut-être quelquefois, les femmes ne céderont jamais. Elles supporter le voisinage de ces êtres à la tête laineuse, à la peau suante, à l'aigre odeur de petit-lait, être obligées de souiller leurs yeux de ces grimaces simiesques et leurs oreilles de ce jargon de macaque ! Les lois ont pu dépouiller leurs maris, leurs frères et leurs fils de leur pouvoir politique, c'est-à-dire d'une chose qui n'est pas absolument inhérente à leurs personnes, mais y a-t-il une loi qui puisse les dépouiller de leur qualité de blancs et transporter ce privilège à ces brutes ? *Carpet-buggers* et *scalawags* ont bien conscience de cette infériorité du noir, aussi s'efforcent-ils autant qu'il est en eux de rompre la magie des mœurs anciennes. Des controverses acres et passionnées s'engagent tantôt sur ce point, tantôt sur cet autre. Par exemple, la Louisiane a eu la question des *omnibus*. A-t-on le droit de repousser un nègre qui veut monter dans le même *omnibus* que les blancs ? Les *carpet-baggers* ont prétendu que non et ont tonné contre les préjugés ; les habitants de la Nouvelle-Orléans ont répondu oui, et ont invoqué la liberté. N'est-on pas libre de fréquenter qui l'on veut, de faire commerce avec qui l'on veut, de vendre et d'acheter à qui l'on veut ? Enfin un des derniers gouverneurs de la Louisiane, un certain

Émile Montégut

général Warmoth, homme de tiers-parti, proposa une transaction ingénieuse. Il serait créé une nouvelle classe d'*omnibus* mixtes, ayant une étoile au front, pour indiquer que les blancs sans préjugés pourraient y monter avec les noirs. Ce projet de transaction valut à son auteur, de la part d'un de ses anciens amis et acolytes, une volée d'injures de l'espèce la plus amusante, parmi lesquelles on en trouve une tout à fait extraordinaire : *Lazare ressuscité par Satan d'entre les morts*, Warmoth envoya un cartel, un second champion y répondit par des coups de canne en pleines rues de la Nouvelle-Orléans, le battu riposta par un coup de couteau qui étendit son homme raide mort, et l'affaire des omnibus est encore sous le litige.

Cette force des mœurs n'est pas la seule arme de défense du sud. Il en trouve pour le moment une seconde dans le désenchantement assez général qui s'est emparé des esprits à l'égard de la race noire. Les noirs n'ont pas tenu les promesses qu'avaient faites pour eux des vainqueurs trop fanatiques. Aux premiers jours de l'émancipation, il semblait que les nègres allaient devenir en peu de temps les égaux des blancs en fait, comme ils étaient déjà leurs égaux en droit. On allait voir comme ils étaient studieux, laborieux, économes, aptes à la vie de famille ! Une rage d'instruction s'était emparée d'eux ; on ne rencontrait que nègres la tête penchée sur un alphabet et épelant leurs lettres. Cette ardeur n'a pas duré plus qu'un feu de paille, dit M. Dixon. Ils ont bien vite jeté de côté leurs alphabets ou les ont vendus pour boire un coup de whiskey. Ils ne se sont pas montrés plus laborieux que studieux. Chaque jour, les feuilles anglaises et américaines sont remplies de correspondances où l'on se plaint que Sam déserte les plantations de coton, qu'il prend avec les planteurs des engagements qu'il n'aime pas à tenir, et qu'il se garde oisif le plus qu'il peut. Sam, paraît-il, ne brille pas non plus par les vertus du père de famille. L'éducation des enfants à la manière des blancs n'est pas son fait, cela condamne au travail, à la privation, restreint la consommation de whiskey du père et de la mère. Ce que les noirs ont le mieux compris jusqu'à présent à leur nouvel état social, c'est qu'au moyen du vote ils pouvaient être envoyés aux assemblées législatives où ils toucheraient quatre ou cinq dollars par jour sans faire autre chose que fumer des cigares dans les couloirs ou mâcher du tabac à leurs bancs. Et cependant ce nègre paresseux, ignorant et burlesque, possède des qualités

III. — Rouges, noirs et blancs.

sociales, à demi serviles encore, il est vrai, mais sérieuses. Il a de la docilité et de l'obéissance, et c'est à ces qualités que le sud doit de ne pas avoir entièrement succombé. Le blanc reprend par là avantage sur lui, le ramène à la modération et à la raison, évite les choix trop malencontreux ou les mesures trop néfastes. « Nos noirs nous connaissent et nous les connaissons, disait-on de toutes parts dans le sud à M. Dixon ; qu'on nous laisse seuls avec eux, qu'on nous débarrasse des *Carpet-baggers*, qu'on fasse un emploi moins partial des troupes fédérales, et encore aujourd'hui les choses se passeront bien. »

Malheureusement ce tête-à-tête les vainqueurs ne le permettent pas à la population blanche. Des nuées d'aventuriers politiques ver-nus du nord, connus sous les sobriquets de *carpet-baggers* et de *scalawags*, descendent par les chemins de fer dans des états dont ils ne sont pas natifs et où jusqu'alors ils n'avaient souvent jamais mis le pied, porteurs pour tout bagage d'un sac de voyage et de convictions plus ou moins fanatiques. Il s'agit d'empêcher que les vaincus relèvent jamais la tête et conçoivent jamais l'espoir de rompre cette union fédérale autrefois libre et établie sur pacte, aujourd'hui imposée et établie sur conquête. Il faut en un mot que le sud traverse ces dures et longues phases de transition tyrannique et de contrainte sanglante par lesquelles ont passé les provinces récalcitrantes dans tout pays qui a conquis unité, pouvoir fort et centralisation. Pour cela tous les moyens sont bons, même celui de placer la population blanche sous le joug de la race noire. C'est à cette œuvre que s'occupent ces *politicians* qui s'abattent du nord sur les régions du sud, et malheureusement ils trouvent un auxiliaire tout-puissant dans la politique du gouvernement actuel de Washington. Ils nouent relation avec les éléments d'intrigue, de désordre et d'ambition qui abondent dans toute société bouleversée, s'en font le centre au bout de peu de temps, et organisent des ligues noires pour s'emparer des pouvoirs de l'état et s'assurer la victoire aux scrutins. A ces ligues noires répondent invariablement des ligues blanches qui souvent s'empressent de défaire l'ouvrage de leurs ennemis, sous le prétexte presque toujours justifié d'illégalité et de violence. Il s'ensuit des collisions, et souvent une anarchie prolongée. Alors intervient le gouvernement de Washington. Qui trouble l'ordre et qui se permet de résister aux lois ? Chacun

Émile Montégut

des deux partis s'empresse de répondre que c'est son ennemi ; le gouvernement fait marcher les troupes fédérales, donne pour un moment la suprématie à l'élément militaire, et rétablit l'ordre. C'est là en effet le premier devoir de tout gouvernement ; seulement l'ordre une fois rétabli, il se trouve que c'est presque toujours au détriment de la population blanche.

Voilà, en abrégé, l'histoire de cette anarchie de la Louisiane qui a duré dix-sept longs mois, pendant lesquels la Nouvelle-Orléans gémit sous le joug d'assemblées qui n'avaient pas pouvoir pour faire des lois, de gouverneurs qui ne pouvaient pas gouverner, et de tribunaux qui cassaient et annulaient réciproquement leurs arrêts. » M. Dixon a raconté cette histoire dans les plus grands détails et de la manière la plus amusante, mais nous serions fort en peine, à moins de le traduire, de donner de ce long récit une analyse quelque peu claire et intelligible. C'est une gigantesque forêt vierge de fraudes, armée de tous les dards de la perfidie et enchevêtrée de toutes les lianes du mensonge. Au fond, il s'agit de savoir si le *carpet-bagger* Kellogg sera gouverneur de la Louisiane, en dépit de la volonté légale des électeurs, si le portefaix noir Marc-Antoine sera reconnu pour lieutenant-gouverneur, et si le nègre Pinchback peut être envoyé comme sénateur à Washington par un gouverneur louisianais dont l'élection et partant les pouvoirs sont contestés. A un moment donné, il y a dans la Louisiane trois gouverneurs, trois lieutenants-gouverneurs, deux sénats et deux assemblées législatives. Kellogg, dont l'élection est douteuse, ne se donne pas le temps d'attendre un nouveau scrutin, agit bravement comme s'il était dûment élu, et multiplie les machinations pour empêcher que son concurrent n'emporte l'avantage. La fraude cependant est arrêtée ; le sénat de Washington a examiné les pouvoirs de Pinchback et a reconnu que l'élection est illégale ; le président Grant lui-même, malgré son bon vouloir pour la ligue noire, est obligé de déclarer qu'il faut procéder à de nouvelles élections. La ligue blanche s'organise, on marche au scrutin, les blancs l'emportent avec une faible majorité de cinq voix. Kellogg met alors tous ses efforts à réduire cette majorité par tous les moyens de violence et de fraude, afin que la chambre, ne se trouvant plus en nombre suffisant pour délibérer, ne puisse pas s'assembler, et sous prétexte qu'il est menacé par les manœuvres de la ligue blanche,

III. — Rouges, noirs et blancs.

il s'enferme avec ses partisans noirs dans le palais de l'assemblée législative. Il y a là des scènes de législateurs noirs délibérant en fumant, chiquant, crachant, et buvant *cocktails* et mint-juleps, *qui atteignent les plus hauts sommets du grotesque. Grant, ennuyé de tout ce tapage, dont le bruit lui arrive à Washington, mais désireux de se ménager l'appui des majorités noires du sud pour une troisième présidence, envoie sous main le général Sheridan à la Nouvelle-Orléans, avec mission de rétablir l'ordre, fût-ce au détriment de la légalité. Sheridan, qui ne recula jamais devant aucun moyen extrême, télégraphie à Washington qu'il se charge de tout, pourvu qu'il ait carte blanche et qu'on obtienne du congrès un bon petit décret qui mette hors la loi les bandits de la Louisiane, c'est-à-dire les adhérents à la ligue blanche. Fort embarrassé d'obtenir et d'accorder cette permission d'ostracisme contre les citoyens les plus riches et les plus considérables de la Louisiane, le gouvernement de Washington répond à Sheridan qu'il s'en remet à sa prudence ; mais une parole ambiguë ne mit jamais fin à une réalité brutale comme l'anarchie. En dépit des manigances de Kellogg et de ses adhérents, l'assemblée législative de la Louisiane s'obstine à se réunir, se déclare en nombre légal pour délibérer, et nomme son président et son bureau. Alors Kellogg a recours à son suprême moyen de salut, l'intervention des troupes fédérales, et le général Emory, peut-être sous l'impulsion secrète de Sheridan, fait marcher son second, notre compatriote le général de Trobriand, pour expulser de l'assemblée législative comme illégalement admis les membres conservateurs qui complètent la majorité nécessaire. L'assemblée est envahie, et treize membres en sont expulsés au milieu du tumulte qu'on peut concevoir. Spirituel et infortuné général de Trobriand ! Tous ceux qui ont eu le plaisir de le connaître et de l'entendre exprimer ses opinions si nettement démocratiques ne pourront retenir un sourire en songeant au rôle que lui a ménagé en cette occasion la malice du sort. N'est-ce pas en effet comme si la destinée avait voulu lui dire : Ah ! tu as cru, parce que tu es citoyen des États-Unis, que tu avais abdiqué ta qualité d'enfant de la vieille Europe et de rejeton de sa civilisation séculaire ; mais je vais te prouver que cette qualité s'attache à toi d'une manière indissoluble. Il y a ici une assemblée à violer, eh bien, c'est toi que j'en veux charger, toi qui es né dans le pays des coups d'autorité et des coups de force. Allons, quatre hommes et un caporal, et balaie-moi*

Émile Montégut

ça !

A peine le coup de violence de la Louisiane fut-il connu qu'un épouvantable orage se déchaîna sur toute l'étendue de l'Union. Les gouverneurs des états tonnèrent dans leurs messages, les hommes considérables du pays grondèrent dans leurs réunions, les journaux crièrent au nouveau césar, et des nuées de caricatures s'abattirent sur le président, qui, paraît-il, est singulièrement sensible à ce genre de morsure. Grant céda, quitte à recommencer à la première occasion ou à léguer à son successeur la mission de continuer son œuvre. Qui ne voit en effet que des scènes pareilles sont le commencement d'une situation toute nouvelle que rien n'aurait pouvoir d'arrêter, si ce n'est la sagesse que les hommes consultent rarement et qu'il est trop tard déjà peut-être pour consulter.

Quand on fixe son regard sur l'état présent de l'Union, il est impossible de ne pas être frappé de l'importance considérable que depuis la guerre de la sécession le pouvoir militaire a prise dans les affaires de la grande république. A la vérité, il vient d'y faire seulement son apparition, mais cette apparition est de celles qui ne s'évanouissent pas, une fois venues à la lumière, parce que les nécessités sociales qui les évoquent sont de celles qui ne se dissipent qu'après avoir triomphé ou péri. Avec cette apparition du pouvoir militaire, la notion de l'autorité vient aussi défaire son entrée sur une scène où jusqu'alors elle avait été ignorée, et où la liberté avait tenu toute la place. Or c'est une condition de l'autorité que, dès qu'elle s'introduit dans un état, il ne peut plus y avoir dans cet état rien qui lui soit supérieur. On n'a pas, il est vrai, osé dire encore qu'il y avait quelque chose de supérieur à la liberté ; mais les citoyens de l'Union doivent savoir maintenant que la liberté n'est tout dans un état que pendant les périodes heureuses et rares où le succès se trouve en parfaite harmonie avec la sagesse. Les États-Unis ont connu pendant quatre-vingts ans une période de cette nature, et la plus belle peut-être dont jamais peuple ait été favorisé. Cette période a pris fin il y a quinze ans, et elle ne reviendra plus jamais. C'est que pour que de pareilles périodes existent, il ne suffit pas que la justice règne, il faut qu'elle soit pure de toute violence ; il ne suffit pas que le bon droit l'ait emporté, il faut qu'il ait triomphé sans blesser l'humanité ; il ne suffit pas que le succès se soit imposé, il faut qu'il ait laissé les âmes sans remords pour le passé, sans inquiétudes pour l'avenir. Telle fut la situation morale dans laquelle se trouvèrent les fondateurs de la république après la guerre de l'indépendance ; ce n'est pas tout à fait celle dans laquelle se sont trouvés les vainqueurs du sud après la guerre de sécession. Ah ! oui, sans doute, la cause anti-esclavagiste était la bonne cause, et le triomphe du nord était le triomphe du droit ; malheureusement cette bonne cause a été imposée par la force, et ce triomphe a été obtenu par la violence. Il est possible qu'il fût dans la logique fatale des choses que les événements se passassent ainsi ; c'est une question qu'il serait oiseux de discuter aujourd'hui ; seulement cette même logique fatale veut que la situation qu'elle a créée parcoure toutes ses phases : après le triomphe de la force, la prépotence de l'élément militaire, après la lacération du pacte fédéral, la prédominance du pouvoir central, après la négation du droit des états à conserver des institutions garanties par le pacte constitutionnel, la négation de leur autonomie politique, et elle les parcourra toutes jusqu'à ce qu'il ne reste plus rien qu'un nom sans réalité de l'œuvre de Washington et de Franklin. « Bien des signes néfastes apparaissent, et il y a quelque chose qui s'écrit sur le mur, » dit M. Dixon, faisant allusion à la biblique histoire du festin de Balthazar. Oui, quelque chose s'écrit, et ce que nous venons de dire n'est probablement que la traduction d'un des mots menaçants dont les caractères commencent à s'apercevoir : *Mané.*

Toutefois il y a des nécessités impérieuses, et il est vrai de dire que telles situations trouvent une sorte de légitimité dans leur fatalité même. Aussi le spectateur lointain et désintéressé n'aurait-il pas à s'émouvoir de cette politique nouvelle, si elle n'était que dure et violente, et se contenterait-il de trouver avec Pangloss que tout est pour le mieux dans la meilleure des républiques, puisque ces choses sont inévitables et doivent nécessairement suivre leur cours. Nous Français en particulier, qui savons quelles phases a traversées notre nation pendant sa longue histoire, comment notre unité s'est fondée dans le sang des populations du midi, comment elle s'est maintenue par la large effusion du sang des protestants, comment la révolution a triomphé dans le sang de l'ancienne société, nous n'en sommes pas à nous scandaliser pour si peu qu'une petite assemblée violée ou que l'échange de quelques coups de feu entre partis ennemis ; mais nous craignons que cette politique ne soit pas seulement violente, nous craignons qu'elle ne soit coupable. « Les désastres dans le passé, les menaces dans l'avenir, écrit M. Dixon à la fin de son livre, nous avertissent de nous tenir unis à notre commune race, à notre sang, à nos lois, à notre langage, à notre science. Nous sommes forts, mais nous ne sommes pas immortels. Une maison divisée contre elle-même tombera. Si nous désirons voir périr nos libres institutions, nous avons raison de prendre le parti des hommes rouges, des hommes noirs et des hommes jaunes contre nos frères blancs. Si nous désirons voir conserver l'ordre et la liberté, la science et la civilisation, nous donnerons nos premières pensées à ce qui active l'accroissement de l'homme blanc et à ce qui augmente la force de l'homme blanc. » C'est fort bien parler, et on ne peut mieux poser la question sur son vrai terrain. Parlons plus nettement encore et disons que le mal de cette politique, c'est qu'elle a remplacé un crime par un autre crime. Le crime du sud était l'esclavage, le crime des vainqueurs du sud, c'est d'avoir permis la domination de la race noire sur la race blanche.

Justes représailles, dira l'abolitioniste fanatique, légitime retour des choses, punition méritée du mal accompli ; le sud souffre simplement de la loi qu'il avait faite. Il avait blessé et il a été blessé à son tour. Il n'y avait ni représailles à exercer, ni vengeance à accomplir ; la justice était satisfaite du jour où l'esclavage était aboli ; l'injustice a commencé du jour où les noirs ont été admis sans transition et sans condition aux droits politiques institués par une constitution que ses auteurs auraient sans doute rédigée différemment s'ils avaient prévu qu'ils la créaient non-seulement pour des hommes blancs, mais pour plusieurs millions d'Africains, non-seulement pour des hommes libres, mais pour des esclaves qu'on introduirait subitement dans la liberté. Tout ce que les blancs devaient aux noirs c'était de s'interdire et d'interdire l'abus qui se faisait d'eux ; quant à l'admission à l'égalité politique, c'est un don auquel en bonne équité les derniers n'avaient aucun droit de prétendre. Il n'y a pas d'égalité là où la nature proclame l'inégalité, ou si ce mot vous parait choquant ou susceptible d'être mal compris, la dissemblance. Lorsque dans d'autres pays une faction, aussi malfaisante qu'elle soit, l'emporte, le mal peut se corriger, car le triomphe de cette faction n'est que celui d'une partie des enfants d'une nation sur les autres parties de cette nation ; mais aux États-Unis ce triomphe n'est pas celui de concitoyens sur des concitoyens, c'est celui d'une autre race d'hommes sur la nôtre, amené par la complicité et l'appui d'hommes de notre sang. Qu'avez-vous fait, vainqueurs du sud, lorsque vous avez livré la population blanche à la domination noire ? Non-seulement vous avez livré vos frères à des hommes d'une autre race, ce qui est un crime contre la nature, mais vous les avez véritablement livrés à l'étranger, ce qui est un crime de lèse-patrie, et vous avez permis que la race la plus noble et la plus intelligente fût à la merci de la plus bestiale et de la plus basse, ce qui est un crime de lèse-civilisation. Vous avez créé une situation d'une injustice extrême qui ira toujours en s'aggravant, comme allait toujours en s'aggravant naguère l'institution de l'esclavage, et qui demandera un jour comme elle à être extirpée radicalement ; or, ce jour-là, comment vous Y prendrez-vous pour cette opération chirurgicale ? *Thecel.*

En terminant l'exposé de ce tableau, si sombre malgré tous les efforts de l'auteur pour l'adoucir, des conflits et des mélanges des races aux États-Unis, nous ne pouvons réprimer en nous les plus douloureuses inquiétudes non-seulement pour les destinées de l'Amérique, mais pour l'avenir du monde civilisé. Depuis des siècles nos guerres, nos luttes, nos rivalités, étaient entre frères, qui se disputaient l'héritage commun de leur famille ; c'étaient des guerres, de Jacob contre Ésaü, ce n'étaient pas des guerres d'Ismaël contre Isaac. Mais voici qu'aujourd'hui d'innombrables enfants de la servante Agar, non plus seulement bâtards de notre sang, mais étrangers à notre race, hommes appartenant en toute vérité à d'autres humanités, viennent frapper à nos portes et s'établissent sur le sol que nous considérions comme le patrimoine de nos descendants. Bien des signes alarmants nous avertissent que la sécurité dans laquelle noire race était endormie depuis quatre cents ans est désormais trompeuse, et que l'heure approche rapidement où recommenceront, et cette fois sur une échelle gigantesque et pour des mêlées apocalyptiques, les anciennes émigrations des peuples et les brutales invasions barbares. Voici que l'Afrique, arrachée de ses fondements par les crimes de notre race et la vieille Asie, tirée de sa réclusion par notre turbulente activité, se sont abattues sur nos continents pour en faire pâture, en attendant qu'elles en fassent proie. Les gigantesques fourmilières de l'extrême orient, démesurément accrues dans le silence des longs siècles, laissent tomber de leurs sommets et de leurs flancs leurs grappes humaines qu'elles sont désormais impuissantes à retenir. Qui nous assure que les fourmilières mêmes ne s'écrouleront pas demain, et si elles s'écroulent, où rouleront les débris ? qu'entraîneront-ils dans leur déplacement ? quelles nations écraseront-ils sous leurs masses, quels peuples refouleront-ils sous leur nombre, et qui nous garantit que, gagnant de proche en proche, l'inondation ne refluera pas jusqu'à nous ? Et ce n'est pas seulement en Asie et en Amérique que de menaçants pronostics nous invitent à la vigilance ; entendez-vous à l'Orient de notre Europe ces craquements prolongés et comme obstinés ? Là la dernière invasion, s'arrêtant il y a quatre siècles, s'était fixée et avait fait digue contre les invasions futures. Une fois la digue rompue, les flots seront rendus à leur liberté, et alors quel sera leur cours, quels marais malfaisants formeront-ils, quelles mers intérieures se creuseront-ils ? Voilà le troisième mot que la destinée écrit sur le mur de notre race, pour employer l'expression de M. Dixon. *Pharès.*

III. — Rouges, noirs et blancs.

ISBN : 978-1541381582